# TOUSSAINT ROSE

UN SECRÉTAIRE DE LOUIS XIV

# TOUSSAINT ROSE

## MARQUIS DE COYE

PRÉSIDENT DE LA CHAMBRE DES COMPTES

MEMBRE DE L'ACADÉMIE FRANÇAISE

Par le Baron

## MARC DE VILLIERS DU TERRAGE

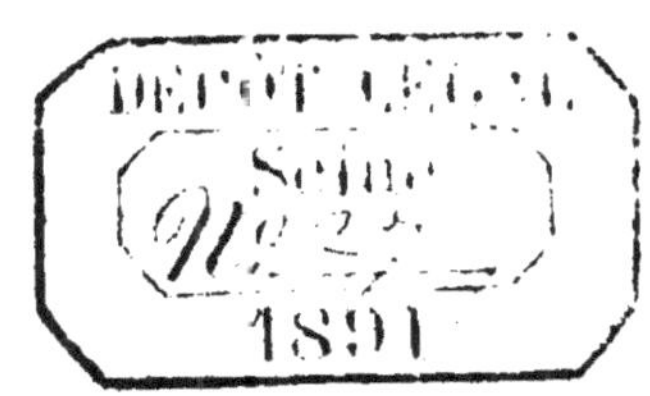

PARIS

ANCIENNE MAISON QUANTIN

LIBRAIRIES-IMPRIMERIES RÉUNIES

MAY ET MOTTEROZ, DIRECTEURS

7, rue Saint-Benoît.

1891

# AVANT-PROPOS

Toussaint Rose est presque un inconnu.

Les dictionnaires historiques lui consacrent bien quelques lignes et les historiographes de l'Académie quelques pages, mais, pour être sincère, nous conviendrons que ce ne sont pas les plus consultées.

Les chercheurs savent que le secrétaire particulier de Louis XIV s'appelait Rose, mais si son nom est encore de nos jours quelque peu répandu, ce qui touche sa vie ne l'est guère.

Rose, pour le malheur de sa mémoire, n'a pas enrichi d'une once de papier les bibliothèques privées; aussi a-t-il suffi de quelques

sarcasmes contre son peu d'éclat littéraire
pour qu'après l'abbé d'Olivet tous les his-
toriens de l'Académie, à part d'Alembert,
crussent méritoire d'écourter jusqu'à la dernière limite l'article qu'ils se voyaient forcés
de lui consacrer.

Toutes ces notices se répètent avec les
mêmes dates erronées et les mêmes citations
tirées de Charles Perrault, de d'Alembert et
de Saint-Simon.

Condamné sans rémission par l'oubli pour
n'avoir pas été bruyant durant sa vie et pour
avoir, dans le domaine des lettres, gardé un
silence peut-être trop prudent, mais en tout
cas préférable à la prolixité encombrante de
tant d'autres écrivains dont le nom n'a passé
à la postérité qu'à force d'in-folios, peu de
personnes se disaient que, pendant le long
règne de Louis XIV, Rose avait eu cependant une position aussi importante et peu
connue qu'unique dans son genre.

Découvert et légué à Louis XIV par Mazarin
qui, comme la plupart des grands esprits,
avait le précieux don de savoir trouver et for-

mer les hommes dont il avait besoin, Rose eut sur le grand Roi une influence incontestable.

Pendant plus de quarante-cinq ans, seul des secrétaires du cabinet, Rose « tint la plume », c'est-à-dire qu'à tout instant il prend en quelque sorte la personnalité du roi, écrivant pour lui, en son nom et *de son écriture,* sa correspondance même la plus intime et la plus secrète.

D'autres, avant ou après lui, ont rempli près des rois de France des fonctions analogues, mais aucun n'a jamais eu la confiance de son maître, comme Rose eut celle de Louis XIV, au point d'être le maître du cabinet et de donner des conseils presque autant que de recevoir des ordres.

Pour qu'un prince aussi habile et autoritaire ait cru pouvoir et devoir ainsi donner une sorte de blanc-seing à un de ses humbles sujets, il faut qu'il ait eu la preuve constante de sa capacité et de sa fidélité ; aussi pensons-nous que cette marque d'entière confiance est le plus bel éloge qui puisse être fait de Toussaint Rose.

Par suite, sa situation, comme on disait alors, était considérable à la cour, à la ville et à l'Académie. A la cour, il est un personnage : les ministres le saluent ; tout ce qu'il demande au roi est chose obtenue d'avance et, comme on le verra dans la suite de ce récit, pour s'appeler le prince de Condé on ne pouvait néanmoins lui manquer impunément.

A la ville, sa position n'est pas moins bien établie : marquis, conseiller ordinaire de Sa Majesté en ses conseils d'État et privé, président en la Cour des comptes de Paris, excessivement riche, le « bonhomme Rose », avec sa grande réputation d'esprit et ses mots ironiques et malicieux qui faisaient le tour des salons, était dans Paris à la fois recherché et redouté. Il avait sans doute beaucoup d'envieux, mais bien peu d'ennemis déclarés.

Molière, Saint-Simon sont de ses amis. A l'Académie, les principaux écrivains de l'époque, Boileau, La Bruyère, Choisy, s'honorent de sa « connaissance ». Il a une influence réelle sur la Compagnie qui l'a reçu en reconnaissance des services signalés qu'il lui a rendus, et dont il est du reste toujours resté l'intermédiaire attitré près du roi. Il s'occupe des élections, contribue au succès de Boileau et parvient, assez malheureusement il est vrai pour sa mémoire, à faire échouer quatre fois de suite Fontenelle contre d'obscurs concurrents. Il faut dire pour son excuse que Fontenelle était un *Moderne* et Rose un grand ami de Racine.

Il eût été bien facile à Rose, qui écrivait avec facilité et possédait les histoires de la cour mieux qu'aucun homme de France, d'écrire de ces petits mémoires où l'on se sert du scandale pour passer à la postérité, où l'on dénigre après sa mort ceux que l'on courtisait bassement de son vivant et où l'on consigne, pour trouver un lecteur, des traits peut-être spirituels, mais presque toujours inventés à plaisir; mais Rose était la discrétion même. Seul, Louis XIV avait le droit de se servir de sa mémoire, qui était prodigieuse, « comme d'un répertoire vivant; » Racine lui-même, son ami, l'historiographe officiel du roi, ne parvint jamais à le faire sortir de sa réserve.

Toute son intelligence s'était concentrée vers un seul but : servir celui à qui il avait consacré sa vie et qui en quelque sorte était devenu l'unique raison et pour ainsi dire la raison même de son existence.

Rose était un modeste. Il est toujours volontairement resté dans une demi-obscurité, mais il faut reconnaître que dans ce siècle éblouissant, dont les meneurs étaient tous des hommes de génie, son rôle, parmi les acteurs du second plan, n'en a pas moins été un des plus intéressants.

# TOUSSAINT ROSE

---

## CHAPITRE PREMIER

### LES PREMIÈRES ANNÉES DE ROSE

Toussaint Rose [1] naquit à Provins, dans les premiers jours du mois de septembre 1615, et fut baptisé le 5 du même mois [2].

1. On trouve souvent le nom de Rose orthographié Roze.

2. La date de 1614 se trouve souvent indiquée : l'erreur provient de ce que sur le registre des baptêmes quelqu'un, pour faciliter les recherches, ayant mis après coup la date de l'année au haut de chaque feuillet, a, par distraction, mis sur la page en question 1614 au lieu de 1615. Voir aux annexes l'acte de baptême de Rose. (Pièce n° 2.)

Sa famille, de bonne et ancienne bourgeoisie, était établie dans la ville depuis un siècle environ. Son grand-père Toussaint avait été échevin en 1588 ; son père Étienne [1] était « receveur des deniers communaux et patrimoniaux et de l'octroi de Provins ». Vers la fin de sa vie, ses concitoyens le choisirent comme maire de la ville. Il se maria deux fois et eut cinq enfants.

Toussaint était l'aîné. Son père, qui avait quelque ambition pour lui, lui fit suivre de bonne heure les cours de l'école des prêtres séculiers qui se trouvait alors à Provins, rue des Juifs. Le jeune Rose profita de leurs leçons ; dès qu'il sut quelque peu discourir en latin, il vint suivre les cours de la Sorbonne où, jeune encore, il obtint le grade de licencié en droit civil et canonique. Mais alors se posa pour lui la question de savoir quelle carrière il allait embrasser. Il hésita longtemps : son père le poussait à venir s'établir à Provins comme avocat au présidial et bailliage de la ville. Mais cette perspective ne lui souriait guère ; Provins [2]

1. Voir une notice sur la vie d'Étienne Rose aux pièces annexes (n° 1).

2. Provins, qui, jusqu'au règne de Henri IV, avait été une des villes les plus importantes de Champagne et même de France (elle comptait alors, dit-on, plus de

était un bien petit champ pour son ambition et son activité; toutefois, par respect pour les désirs paternels, avant de se lancer dans la vie troublée de l'époque, il revint à Provins essayer du métier d'avocat, et pendant deux ans environ il y plaida.

Plus tard, les Provinois se rappelèrent que les débuts du jeune avocat ne faisaient en rien prévoir la brillante carrière qu'il allait parcourir. C'était peut-être parce que son esprit n'était pas encore formé, peut-être était-ce, comme dit sentencieusement l'abbé Ythier à son propos, « parce que la fortune ne regarde pas toujours le mérite. »

Naturellement, son insuccès ne fit que l'encourager dans ses vues primitives, et bientôt il quitta sa ville natale pour venir s'établir à Paris. Le 26 novembre 1636, il prête serment et se fait recevoir avocat au Parlement; mais ce n'était encore pour lui qu'un pis-aller: il visait plus haut, et la fièvre d'intrigue qui régnait à cette époque lui faisait aspirer à prendre une part active dans les nombreuses négociations qui se tramaient de toutes parts; il ne voulait pas être robin, il voulait

---

trente mille habitants), commençait déjà à devenir ce qu'elle est maintenant, une ville qui semble d'autant plus morte que son enceinte est plus vaste et les vestiges de son ancienne grandeur plus frappants.

courir le monde et tenter la fortune. Son père
avait quelques biens ; Rose se trouvait ainsi à l'abri
du besoin ; mais, toutefois, s'il n'avait pas besoin
pour vivre de se mettre à la recherche de causes,
sa pension ne lui permettait pas de voyager à
ses frais ; aussi résolut-il d'entrer au service du
cardinal de Richelieu. Il avait fait entre temps
connaissance de quelques officiers de la maison
du chancelier ; ce fut par eux qu'il chercha à se
pousser ; sur sa demande, ils lui procurèrent un
emploi dans le bureau particulier du cardinal.
Rose prit cette place dans l'espoir de se faire
remarquer par Richelieu, mais l'occasion ne se
présenta point ; aussi au bout de dix-huit mois,
voyant qu'il restait toujours dans une place infime
où il n'avait aucune chance de se mettre en évi-
dence, il abandonna cet emploi et partit dans la
première quinzaine de mars 1638, à la suite d'un
jeune seigneur qui, par son arrogance, venait de
blesser Richelieu et que sa famille s'empressait
d'envoyer en Italie. Ce jeune homme, plus tard,
devait devenir cardinal et jouer un rôle important dans l'histoire [1].

1. Dans son examen de licence en Sorbonne, Retz l'avait
emporté sur un parent du cardinal, l'abbé de La Mothe-
Houdancourt, et s'en était vanté un peu trop publiquement.

A l'époque qui nous occupe, ce n'était que l'abbé
de Retz, qui, bien que simple abbé, emmenait avec
lui un jeune gentilhomme et plusieurs secrétaires :
« Le reste de sa suite était à l'avenant, » dit Tallemant des Réaulx, qui fut quelque temps son com-
pagnon de voyage.

Après avoir visité les principales villes d'Italie,
après s'être fait expulser de Venise par l'ambassadeur de France qui redoutait pour lui le
châtiment qu'avait provoqué sa conduite ou
plutôt son inconduite dans la ville, suivi toujours de Rose, après avoir fait le tour de la
Lombardie et séjourné quelque temps à Flo-
rence, il atteignit Rome. Les renseignements
sont fort rares sur cette époque de la vie de
Rose ; tout ce que nous savons de son séjour
à Rome, c'est qu'il était en train de jouer au
ballon avec Retz dans les thermes d'Antonin au
moment où le prince de Schomberg[1] envoya dire
hautainement à ce dernier de lui céder la place.
Dans ses Mémoires, Retz raconte avec une certaine complaisance la fière façon dont il refusa
et l'impression que cela produisit sur Rose, qui,
plus tard, quand Retz et Mazarin étaient en

1. Alors ambassadeur de l'empire à Rome.

lutte, put raconter à ce dernier, dont il était alors secrétaire, la façon dont ce petit abbé avait résisté à l'insolence d'un aussi grand personnage.

Retz séjourna dix mois en Italie dont quatre à Rome ; il ne partit que quand l'argent commença à lui manquer, c'est-à-dire à la Noël (1638).

Rose l'accompagna-t-il ? Il est impossible de le savoir, les Mémoires de Retz contenant une lacune justement à cette époque.

Sur cette période de la vie de Rose, il existe deux versions : dans la courte biographie que l'abbé Ythier a consacrée à Rose dans son *Histoire ecclésiastique de la ville de Provins,* il est dit qu'à son retour de Rome, « il se trouva dans la galère qui portait Julio Mazarini en Piémont pour y négocier la paix entre la France et l'Espagne. Il eut quelques conversations avec ledit Julio et se fit connaître à quelques-uns de ses officiers, ce qui fit que ledit Julio ayant réussi dans sa négociation et étant venu à Paris, ledit Rose l'alla saluer et continua à se bien mettre dans son esprit, de façon qu'il le prit à son service et en fit un de ses secrétaires. »

Cette version très pittoresque est peu vraisemblable ; elle impliquerait, en effet, forcément que Rose eût fait un fort long séjour en Italie, car Mazarin était alors en France et n'est pas retourné en Italie avant le mois de septembre 1640, époque où il fut chargé d'une mission pour réconcilier Christine de France, mère du duc de Savoie, avec ses beaux-frères Maurice et Thomas. Si l'histoire est vraie, il faut admettre qu'il ait passé deux ans à Rome ; le seul argument qui pourrait donner quelque force à cette version, c'est que Rose savait très bien l'italien. Mais un séjour de dix mois en Italie et la fréquentation de Mazarin, qui aimait à parler sa langue maternelle, auraient suffi à expliquer ce fait.

D'autre part, si Rose est revenu avec Retz, il reprit probablement quelque emploi dans la maison de Richelieu, et c'est de lui, comme le pense M. Tamizey de Larroque, qu'il s'agit dans une lettre de Jean Chapelain à Conrart, en date du 9 juin 1639, dans laquelle il est dit « qu'il ne faut pas attaquer Rose, de peur de blesser M. le Cardinal ».

Remarquons que si l'on admet la seconde version, Toussaint Rose pourrait peut-être bien être le Rose dont on trouve souvent mention dans les mémoires et correspondances du temps comme *munitionnaire* et agent de Richelieu[1]. Toutefois, cette hypothèse ne repose sur aucun fait probant.

1. Il n'est peut-être pas inutile de faire remarquer ici une autre curieuse coïncidence de nom qui pourrait amener quelque confusion, si l'on ne tenait pas compte des âges. A l'époque où Rose, qui devait plus tard n'être connu que sous le nom du « président Rose », débutait dans la vie publique et était chargé de diverses négociations diplomatiques, il existait un « président Rose », conseiller d'État de la régence de Flandre pour le roi d'Espagne Philippe IV, diplomate déjà âgé quand Rose n'avait pas encore trente ans.

# CHAPITRE II



Ce qui est certain, c'est que Rose, peu de
temps après son retour en France, fut attaché
par Mazarin auprès de sa personne.

Mazarin, à cette époque, n'était pas un bien
grand personnage, et sa maison était des plus
modestes; mais quand, peu de temps après, le
4 décembre 1642, Richelieu vint à mourir et qu'à
l'étonnement général, le lendemain même, le Roi
lui confiait le pouvoir, Mazarin devint une puis-

sance, et la position de ses familiers et agents s'en trouva du même coup rehaussée.

Dans les premiers temps, Rose, qui n'était pour Mazarin qu'un homme de confiance, qu'il gardait à sa disposition autant peut-être pour en priver ses adversaires que pour s'en servir lui-même, avait une assez grande liberté; aussi se rappela-t-il qu'il était avocat et se mit-il à plaider devant le Parlement.

De temps à autre, il allait à Provins rendre visite à sa famille et faisait même parfois dans sa ville natale, quand Mazarin n'avait pas besoin de lui ou se trouvait en voyage, des séjours assez prolongés.

Ce fut pendant une de ces visites en Champagne qu'il fit la connaissance d'une jeune fille du nom de Madeleine de Villiers; il s'en éprit, et le 8 septembre 1641 fut passé, devant François Quillet, notaire royal au bailliage de Provins, le contrat de mariage « entre M<sup>e</sup> Thoussainct Roze, advocat au Parlement, fils d'Estienne Roze, receveur des deniers communaux patrimoniaux et de l'octroi de la ville de Provins, et de deffuncte dame Mary Joly, jadis sa femme... d'une part, avec damoiselle Madeleine de Villiers, fille usante et jouissante de ses droicts, fille de feu noble

homme Me Claude de Villiers, vivant aussy advocat audit Parlement, et de damoiselle Rayet sa
femme, aussi décédée, d'autre part[1]... ».

L'année suivante naquit à Suresnes[2], le
31 août, Louis Rose, qui fut leur seul enfant.

1. Au moment de son mariage, Toussaint Rose avait
deux mille livres tournois d'économie ; sa part dans la fortune de sa mère était évaluée également deux mille livres ;
sa femme lui en apportait huit mille.

Dans le contrat, il est dit qu'Estienne Rose renonce à
toute dette contre son fils et de plus l'habillera d'habits
nuptiaux suivant sa qualité et condition d'avocat.

2. Rose louait alors à Suresnes « une maison rue et
proche la porte qui conduit de Suresnes à Saint-Cloud ».
Il l'acheta plus tard, le 19 octobre 1650, pour le prix de
cinquante mille cinq cents livres à Jeanne de Santeny,
femme séparée de biens de Louis de Meaux, gouverneur
du château de Ré.

Autour de la maison se trouvaient des vignes et des
terres assez importantes que Rose, même quand il eut
Coye et ne vint plus habiter Suresnes, continua toujours
d'agrandir.

Il avait acheté en octobre 1856, « au religieux prieur et
au couvent de l'abbaye royale de Saint-Germain-des-Prés
de la congrégation de Saint-Maur en France, ordre de
saint Benoît, seigneurs châtelains de Suresnes, patrons
fondateurs, prieurs et curés primitifs de l'église et
paroisse de Suresnes, le droit de banc, de sépulture et d'armoiries dans la chapelle du Rosaire, la première en entrant
dans l'église, pour lui et ses descendants pour autant
de temps qu'ils posséderaient la maison. »

En 1643, un édit réorganisa la corporation des
avocats du roi. Depuis 1626, il y avait cent
avocats qui, par privilège et moyennant serment,
étaient « matriculés » par le chancelier et avaient
ainsi droit de plaider devant les divers conseils
du roi. En 1643, un édit érigea le privilège que
conférait le matricule en office public, institua la
communauté des avocats aux conseils du roi [1]
et porta au nombre de cent soixante les charges
qui, à partir de ce moment, devinrent héréditaires
et soumises à la Paulette.

Par la protection de Mazarin, Rose fut pourvu
d'une de ces nouvelles charges, ce qui ne l'empêcha du reste pas de continuer à plaider, comme
ses collègues, devant le Parlement.

Pendant toute cette période, les renseignements
précis font quelque peu défaut sur Rose; les
actes où il se trouve cité le mentionnent à cette
époque simplement comme avocat, d'abord au
Parlement, ensuite au conseil du roi.

Il est assez difficile de préciser quelles fonctions
il remplissait à cette époque auprès de Mazarin.
Il est très probable qu'avant d'être définitive-

---

1. Comme encore actuellement les avocats à la Cour
de cassation, les avocats aux conseils du roi étaient à
la fois procureurs et avocats.

ment attaché par le cardinal auprès de sa personne en qualité de secrétaire particulier, il fut pendant quelques années simplement un de ses nombreux agents.

Ces agents avaient des fonctions très diverses : ils étaient à la fois secrétaires, diplomates par hasard, courriers d'occasion, et étaient chargés de fournir à Son Éminence les renseignements de toute sorte dont il avait besoin. Ce sont eux qui ont fait la force de Mazarin, en le tenant si bien au courant des innombrables intrigues qui se tramaient de toutes parts; aussi les choisissait-il avec soin et leur montrait-il « beaucoup de déférence », sachant que sa puissance dépendait en quelque sorte d'eux : les coups que ses ennemis lui portaient étaient trop durs pour qu'il ait pu les parer, s'il ne les avait connus à l'avance.

Toutefois, il est certain qu'en décembre 1645, il s'intitulait déjà secrétaire de Son Éminence.

Il devait l'être déjà depuis quelques années, si l'on admet pour à peu près exacte la durée de vingt ans de secrétariat en 1657 qu'indique Loret; il est vrai que ce dernier écrivait en vers, et que quatorze ans n'eussent pas aussi bien fait la mesure.

Une fois secrétaire ordinaire de Mazarin, sa fortune grandit rapidement.

Le 30 octobre 1649, la reine régente nomme
« son amé et féal Toussaint Rose pour conseiller
en ses conseils d'État et privés et de ses finances
à l'effet d'avoir entrée aux séances, en conséquence des services qu'il avait rendus à Sa Majesté
dans des emplois de considération et de confiance ».

Il est plus facile, dès lors, de suivre les traces
de Rose : son nom se rencontre fréquemment
dans les correspondances de l'époque.

Rose voyage beaucoup; il sert d'intermédiaire,
d'émissaire à Mazarin entre la vieille et la jeune
fronde, entre Retz et les princes; enfin il se
trouve complètement mêlé à ces nombreuses et
ténébreuses intrigues qui n'ont jamais eu leur
pareille dans aucun temps et dans aucun pays.

Au moment de la révolte de Bordeaux, il suit
le cardinal en Guienne. Il se trouve à Libourne
en août 1650; c'est là que son esprit mordant et
satirique lui valut certain désagrément.

« Il est arrivé un grand esclandre, écrit Colbert
à Letellier, dans la maison de Son Éminence.
Angoville[1], un peu plus brutal qu'un cheval,
donna avant-hier des coups de bâton à M. Rose,

1. Agent du cardinal.

il avait été mis dans la prison de cette ville, mais il s'est sauvé par connivence. »

Quelque temps après, le comte du Dognon, alors lieutenant pour le Roi au gouvernement du pays d'Aunis, avait transformé le port de Brouage en place de sûreté pour lui et menaçait de se joindre avec la flotte qui était sous ses ordres aux Bordelais révoltés. Mazarin en était fort effrayé ; il lui envoya sur-le-champ Rose, pour tâcher de le gagner. Après de laborieuses négociations, ce dernier réussit pleinement dans sa mission, en promettant formellement au comte, au nom de la reine, qu'il serait maintenu dans le gouvernement dont il s'était emparé de vive force.

Rose ensuite quitte Bordeaux, suit la cour à Blaye, Saintes, Poitiers, Tours, Amboise, et revient se fixer à Fontainebleau, où il reste pour renseigner Mazarin, qui va rejoindre l'armée.

Cependant les négociations qu'avait entamées de toutes parts Mazarin avec les différents partis n'aboutissent pas ; une coalition se forme contre lui. Il se voit forcé de quitter Paris, se rend au Havre pour délivrer les princes prisonniers dans cette ville, puis, après un court séjour à Juliers, se retire à Brühl, pour regarder venir les événements.

A ce moment, le cardinal paraissait bien déchu, personne ne pensait à son retour, nul n'osait le défendre publiquement, pas même la Reine régente, qui cependant le consultait toujours en secret. Un grand nombre d'officiers de sa maison l'abandonnèrent et allèrent se rallier, qui à Retz, qui aux princes, qui au Parlement. Rose avec Colbert, Le Tellier et quelques autres, demeurèrent fidèles au cardinal travaillant toujours pour lui ; aussi, quand au commencement de l'année suivante (1651), Mazarin, après s'être fait longtemps prier par la reine, se fut décidé à rentrer en France malgré le Parlement et à rejoindre la cour à Loches, fut-il reconnaissant envers ceux qui ne l'avaient point abandonné, et leur montra-t-il qu'il n'était point un ingrat.

Rose, qui avait entretenu avec lui une longue correspondance, devint alors pour lui plus qu'un secrétaire : un homme de confiance.

Trois mois après, le duc Charles de Lorraine venait d'entrer en France. Il était parvenu presque sans résistance à une heure de Paris, entre Créteil et Charenton ; son armée, réunie à celle des princes, était deux fois plus nombreuse que celle dont pouvait disposer Mazarin ; le péril était grand : le cardinal envoya alors Rose

auprès du duc en mission secrète. Que se passa-t-il
entre eux? Est-il vrai que le duc de Lorraine
se laissa acheter? L'histoire n'a pu établir ce
point; ce qui est hors de doute, c'est qu'à la
grande colère et à la grande stupéfaction des
frondeurs, les Lorrains repassèrent le lendemain
la Seine sans avoir livré un seul engagement
contre les troupes du roi : Mazarin était sauvé
une fois de plus. Toutefois, il jugea prudent de
ne pas trop jouir de son triomphe, et, en politique prudent et désintéressé, il alla se retirer
à Sedan, pour faciliter aux Parisiens leur soumission au Roi.

Moins de six mois après, le Parlement était
réduit à l'impuissance et Mazarin rentrait triom-
phalement à Paris (3 février 1653), où désormais
il allait être plus puissant que jamais.

Rose, durant ce temps, était à Paris le repré-
sentant attitré du cardinal; Mazarin lui envoyait
toutes ses lettres, la plupart ouvertes : Rose en
prenait connaissance, puis allait les porter en
personne aux correspondants du cardinal. Il en
recevait ainsi la réponse orale et cherchait à se
rendre compte de la première impression de ses
interlocuteurs; par ce moyen, Rose faisait d'utiles
observations, ainsi un jour put-il remarquer que

le duc de Villeroy, qui se montrait par calcul peu
favorable à une proposition du cardinal, n'avait
pas su contenir son contentement à la première
nouvelle qu'il en avait reçu.

Rose, à cette époque, va continuellement de
Paris à Fontainebleau, où se trouvait la cour, il
rend visite aux partisans du cardinal, à M. le
chancelier, au comte de Brienne, etc., il écrit
exactement à Mazarin tous les huit jours [1] : il ne se
contente pas de le renseigner, au besoin il lui
donne même respectueusement des conseils.

En voici un exemple tiré d'une lettre écrite au
sujet de la sédition de Marseille [2] : « J'ajouterai
seulement, avec le respect que je dois, que si
Marseille continue à demeurer sous les armes
nonobstant l'abolition, il faudrait en ce cas y
envoyer un Saint-Aignan ou tel autre qu'il plaira
à Votre Éminence, incapable toutefois de ne pas
donner jalousie au Parlement, et non suspect à
M. de Mercœur, lequel peut agir et parler avec

1. Aux Archives du ministère des affaires étrangères,
il se trouve des lettres de Rose datées des 1, 8, 14, 21 et
28 du même mois.

2. Malgré la défaite définitive des frondeurs, la Provence n'était pas tout à fait pacifiée, Marseille s'était
encore soulevée le 20 juillet 1653.

les uns et les autres, pénétrer le secret des partis
et déchiffrer une fois pour toutes les mystères de
la province pour en rendre compte à Votre Éminence. »

Un peu plus tard, quand les Marseillais, voyant
qu'ils étaient seuls à s'être soulevés demandèrent
à capituler, il s'engage une discussion des plus
curieuses entre les envoyés du Roi et les repré-
sentants de la ville. Il s'agissait de savoir s'il
fallait appliquer aux Marseillais, auxquels le Roi
était résolu de pardonner, le mot d'abolition ou
le mot d'amnistie. La discussion dura plus d'un
mois ; la chose était la même, mais, au dire de
Rose, « le terme amnistie est un mot insupportable
entre le Roi et ses sujets. » Et quelques jours
après, il écrit de nouveau : « Quand bien même
on serait assuré de rétablir le calme de ladite
ville par le moyen de cette amnistie, je la trouve
si injurieuse à la dignité royale que le mauvais
exemple qu'elle donnerait à toute la province
serait pire que le mal que le refus en serait
cause. »

Finalement, on décida de faire la chose sans la
nommer ; c'était le plus simple, et tout le monde se
déclara satisfait.

Rose était un homme prudent ; il aimait la tran-

quillité et détestait les bagarres. Son dévouement
pour Mazarin était grand ; toutefois, il ne l'empêcha
pas de protester contre le choix que voulait faire
de lui le cardinal comme porteur à Marseille de
l'abolition. « Je crains fort, dit-il, que Votre Éminence me fasse le porteur de cette abolition
croyant qu'avec les habitudes que j'ai dans la province, et particulièrement dans Marseille où j'ai
demeuré assez longtemps, j'aurais plus de facilité
qu'un autre à réussir en cette rencontre. Je fus si
bien traité en ce pays-là en l'année 1651 que la
sensation que j'ai d'y retourner seul est des plus
médiocres, et de faire quatre cents lieues en
poste apparemment pour m'en revenir sans avoir
rien avancé, outre le risque de quelque émotion
populaire et la perte de mon temps. »

A quel événement Rose fait-il allusion dans
cette lettre ? Est-elle ironique ? Lui arriva-t-il à
Marseille quelque désagrément analogue à ce qui
lui advint à Libourne ? Il a été impossible d'en
trouver trace.

Dans une autre lettre se trouve un aperçu
d'une naïveté charmante sur la question toute
actuelle de l'esclavage. Après la soumission de
Marseille, quatre navires se trouvaient disponibles
dans la Méditerranée. Mazarin ne savait où les

utiliser; Rose alors lui conseille « de les envoyer
aux côtes de Barbarie pour tirer des chrétiens
d'esclavage et faire en même temps des esclaves
turcs pour les galères du Roi ». Les dépenses
ainsi seraient couvertes par les profits et la charité chrétienne sans doute satisfaite.

Dans cette correspondance[1] se trouve aussi ce
joli mot, qui, s'il n'est la répétition d'une phrase
que prononçait, dit-on, parfois Mazarin, en est
peut-être l'original : « Qu'il sait que Son Éminence
est plus vivement touchée par le plus petit malheur
de la France que par ses plus grands succès
personnels. »

Dans le courant de ces lettres, comme du reste
dans la correspondance de Colbert, on voit que
Rose était souvent chargé par Mazarin de ce qui
regardait la flotte, et particulièrement de l'arme-

1. Dans *un Index alphabétique des Mémoires et des
Lettres concernant le Mazarin* (manuscrit de la Bibliothèque nationale), l'auteur cité quelques correspondances de Rose qui existaient encore au siècle dernier.

On y trouve la mention de lettres de Rose à Mazarin
pendant les années 1643, 1645, 1649, 1650, 1651, 1652,
1658, et de correspondances de Mazarin à Rose pour
1640, 1651, 1658.

On trouve également l'indice de lettres de Rose
adressées à Duquesne, à Champagny, au prince de
Monaco, au bailli de Valençai, à Zongo Ondedei, etc.

ment des vaisseaux et du renouvellement des
approvisionnements. Mazarin avait une tendresse
toute spéciale pour sa marine, dont il était très
fier et dont il supportait personnellement presque
entièrement les dépenses ; il touchait, il est vrai,
d'assez beaux revenus pour que sa fortune per-
sonnelle ne s'en ressentît guère.

Plus tard, quand la paix laissa plus de temps
à Mazarin pour s'occuper de l'intérieur, Rose
fut nanti de la position de « secrétaire pour les
bénéfices ». A ce sujet, il eut quelques démêlés
avec le fougueux évêque de Valence, Daniel
de Cosnac.

Vers la même époque, il soutint aussi, avec l'argent du cardinal, une curieuse campagne littéraire contre Balzac. Le différend de Voiture avec
ce dernier, pour être moins connu que la querelle
des sonnets de Job et d'Uranie, n'en est pas moins
curieux. Voiture et Balzac se respectaient assez
pour ne pas écrire eux-mêmes les pamphlets qui
constituaient alors toute polémique littéraire ;
aussi avaient-ils l'un et l'autre soudoyé un écrivain de quatrième ordre qui se chargeait de porter
aux nues son patron et de traîner dans la boue
son adversaire. Les *réponses,* dans ces sortes de
débats, succédaient d'ordinaire aux *répliques* et

*observations* jusqu'à ce que le Roi mît fin à la querelle imprimée en refusant les privilèges, et que la discussion, ou plutôt la dispute, cessât faute de lecteurs. Pierre Costar était l'homme de Voiture, Paul de Girac le champion de Balzac. Rose, qui connaissait Voiture et était l'ami de Costar, lui fit obtenir de Mazarin une pension de huit cents écus, en faisant goûter au cardinal *La défense de Voiture*.

Mazarin n'oublia pas son premier secrétaire; il n'eut pas la cruauté de lui laisser manier les bénéfices sans lui donner quelques petites rétributions : le 5 janvier 1655, de conseiller d'État qu'il était, il le fit nommer conseiller ordinaire du Roi en ses conseils d'État et privés et direction de ses finances [1], « entre autres considérations de ce

1. Il ne faut pas s'exagérer l'importance de cette fonction qui, du reste, était assez peu définie et était presque exclusivement honorifique ; elle n'en rapportait pas moins quinze cents livres.

Voici à ce propos un passage intéressant des *Mémoires* d'André d'Ormessson :

« En l'année 1643 et 1644 et suivantes, la grande porte du conseil a été ouverte, et y sont entrés tous ceux qui l'ont désiré, tant la facilité y a été grande de la part de la reine régente et de M. le chancelier, de manière que ceux qui avaient droit d'y prendre place montaient en

que ledit sieur Rose avait rendu des services à
Sa Majesté, tant en l'expédition d'une bonne
partie des plus secrètes et plus importantes
dépêches qui s'étaient faites pour son service qu'en
diverses négociations qu'elle lui avait commises,
et notamment dans le voyage que ledit sieur Rose
fit par l'ordre de Sa Majesté auprès du duc Charles
de Lorraine en 1652, où ledit sieur Rose réussit
pleinement à la satisfaction de Sa Majesté, quoi-
qu'il eût à traiter d'affaires fort épineuses et dans
une conjoncture peu favorable aux bons desseins
de Sa Majesté. »

La même année, Toussaint Rose obtenait pour
lui et son père des lettres d'anoblissement[1].

---

1647 à plus de six-vingts conseillers d'État. Et c'était
une grande confusion. »

Un premier décret, en 1657, remédia à cet abus. Mais
le Conseil des Finances ne redevint ce qu'il devait être
qu'après la chute de Fouquet, par l'ordonnance du
15 septembre 1661, rendue grâce à l'influence de Colbert.

1. « A la charge de payer une indemnité de cent cinquante livres tournois aux habitants de la paroisse en
laquelle il était demeurant en la ville de Provins. »
Voir aux pièces annexes (n° 2) les lettres d'anoblissement d'Étienne Rose.
Par lettres patentes données au mois de février 1665,
« en raison des services rendus par ledit feu sieur Rose

Étienne Rose, alors maire de Provins et maître
d'hôtel ordinaire du Roi, prit pour arme d'azur au
chevron d'or accompagné de trois roses doubles
de même[1], deux en chef, une en pointe. Les sup-
ports étaient deux lévriers et la devise : *Nun-
quam marcessent*.

Peu de temps après, Toussaint Rose se rendit
possesseur du fief de Coye près de Chantilly, et
dès lors en porta le nom.

L'affection que Mazarin portait à son secrétaire avait rejailli du reste sur toute sa famille.
Rose avait fait arriver les siens ; s'occupant de la
flotte, il avait fait entrer ses deux frères dans
la marine.

Maurice, dans sa jeunesse enseigne de vaisseau,
fut tué à l'île d'Elbe au mois d'août 1650 en qualité de capitaine au régiment de Valois ; Étienne,
d'abord capitaine entretenu et commissaire ordinaire de la marine, devint plus tard receveur
général des finances du Dauphiné. Le beau-frère

et par trois de ses fils, Sa Majesté déroge en sa faveur à
la déclaration de septembre 1664 portant révocation de
toutes les lettres d'anoblissement délivrées de 1634 à
1665. » — Jugement de maintenue en 1668.

1. Armes parlantes et rappelant les célèbres roses de
Provins ; par erreur, les roses se trouvent souvent indi-
quées d'argent, quelquefois même de gueules.

de Rose, le sieur Nivert de Bourbitou, fut pourvu de la place de gouverneur de Phalsbourg.

Enfin, au commencement de l'année 1657, comme dernière marque de sympathie, Mazarin, qui se sentait vieillir et voulait assurer définitivement l'avenir de son secrétaire, l'aida à se pourvoir de la charge de secrétaire particulier du roi. Le 25 avril 1657, par brevet du roi « il est retenu apte audit état et charge [1] de secrétaire de la chambre et du cabinet de Sa Majesté » et M. de Saint-Aignan, le lendemain, est commis pour recevoir son serment.

Voici comment Jean Loret raconte cette nomination dans la *Muse historique* [2].

> L'expert et prudent monsieur Roze,
> Qui de sa nette et belle proze
> Sert en plusieurs cas importants
> L'Éminence depuis vingt ans,

1. Il avait acheté cette charge de secrétaire du cabinet à la veuve du sieur Brachet pour le prix de cent six mille livres dont quarante mille comptant.

La même année, le 24 octobre, le Roi lui assura, à lui ou à ses héritiers, en cas de vente ou de décès, une somme de cent six mille livres sur le prix de sa charge.

2. Lettre du 5 mai 1657.

Par mainte lettre bien polie
Tant en France qu'en Italie,
Fut samedy receu tout net
Secrétaire du Cabinet,
Charge qui, pour être honorable,
Rend à la cour considérable
Tout homme habile à qui le Roy
Donne cet excellent employ.
Monsieur Brachet, esprit sublime,
Et réputé tel dans l'estime
Des honnestes gens d'aujourd'hui,
L'exerçait auparavant, lui.
Mais toutefois assurer j'oze
Qu'entre les mains de monsieur Roze
Cet employ noble et glorieux
Réussira de mieux en mieux ;
Car, comme il a pour les affaires
Toutes les clartés nécessaires,
Le voilà dans son élément
Pour servir le Roy dignement.

Bien que secrétaire du roi, Rose cependant
n'abandonna pas le service de Mazarin qui tenait
à ne pas se priver de ses services.

Rose, on le comprend, était des plus dévoués
au cardinal et cherchait toutes les occasions de lui
être agréable et au besoin de flatter sa vanité. Aussi
le voyons-nous se charger des négociations avec
le Parlement, afin de l'amener à envoyer une

députation à Mazarin pour le féliciter de la con-
clusion de la paix des Pyrénées et du mariage
du Roi. Il y réussit et Mazarin s'en montra fort
enchanté.

Au reste, ce fut un des derniers triomphes
du cardinal. Mazarin vieillissait beaucoup, la
goutte et la gravelle le tourmentaient cruelle-
ment. Un incident, l'incendie qui se déclara au
Louvre le 6 février 1661 près de ses apparte-
ments, lui porta le dernier coup; il put encore
se faire transporter à Vincennes, mais ses forces
étaient usées et il mourait quelques jours après,
le 9 mars 1661.

Dans son testament il donne et lègue à chacun
de ses trois secrétaires « un diamant de quatre
mille livres » et prie Sa Majesté « de les protéger
et de vouloir bien leur continuer leurs appointements ».

Une tradition de famille, que recueille d'autre
part l'abbé Ythier, voulait que Mazarin eût laissé
à Rose « de grands biens » qui auraient été la
source de la fortune considérable qu'il devait
posséder un jour. Cependant, les différents tes-
taments du cardinal ne mentionnent que le legs
précité. Il convient toutefois de rappeler que
Mazarin laissa environ trente millions de fortune

et qu'il put faire de son vivant de nombreuses
donations.

Avant sa mort, Mazarin avait fait des recommandations et donné de nombreux conseils au
jeune roi : pour ne pas les oublier, Louis XIV les
dicta[1] le jour même à Rose.

L'histoire rapporte qu'en plus des conseils
d'administration et de politique que l'on possède
encore, Mazarin aurait fait au roi le tableau de la
cour, lui indiquant les hommes d'avenir, dénon-
çant les intrigants. Ce serait alors qu'il aurait
prononcé ou du moins put prononcer le fameux
mot : « Sire, je vous dois tout, mais je crois
m'acquitter en vous donnant Colbert. » C'est
alors également qu'il aurait conseillé à Louis XIV
de surveiller Fouquet, qui quelques mois après,
devait tomber dans la disgrâce que l'on sait.

Ces dernières recommandations du cardinal ne
sont pas consignées par écrit. Leur sujet était
trop important, Louis XIV aimait mieux les garder pour lui seul, sûr de ne pas les oublier. C'est

---

1. Voici le titre du manuscrit conservé à la bibliothèque Sainte-Geneviève : *Mémoire dont le Roy lui-
même dicta la substance au sieur Rose, secrétaire de
Cabinet et relut tous les articles après les avoir fait
étendre en sa personne en la forme ci-dessus.* Paris,
château du Louvre, 9 mars 1661.

ce qu'indique laconiquement, à la fin du manuscrit, cette note de la main de Rose : « Le Roy,
par de certaines intrigues, cessa de dicter la suite
de ces mémoires. »

En dehors de sa position de secrétaire particulier de Louis XIV et de Mazarin, en dehors de ses
fonctions de conseiller ordinaire du Roi en ses Conseils d'État et privés, Rose possédait encore une
autre charge. Vers 1654, il avait obtenu la direction des forêts de l'apanage de Mgr le duc d'Anjou [1]; il était « surintendant, grand-maître enquêteur et général réformateur des forêts de Monsieur
frère unique de Sa Majesté ».

Cette charge, qu'il possédait encore très probablement à sa mort, certainement en 1687,
était une des plus importantes de la maison
du duc d'Anjou; elle rapportait la somme de
4,000 livres.

On trouve également Rose dans différents actes
appelé *gruyer général* et *garde-marteau* des forêts
précitées.

Les différents offices qui composaient cette
charge, quelque peu complexe, étaient dans le

---

1. Duc d'Orléans, en 1660, à la mort de Gaston d'Orléans.

principe, au moins pour les eaux et forêts de France, distincts les uns des autres ; vu la moindre importance des forêts appartenant aux frères du Roi, ils étaient presque toujours réunis entre les mains d'une seule personne.

Le surintendant, comme son nom l'indique, avait la haute main sur tout ce qui avait trait aux eaux et forêts ; il signait plus particulièrement les ventes de coupes de bois.

Après et immédiatement au-dessous de lui se trouvait le grand-maître enquêteur dont les fonctions consistaient à inspecter les maîtres et, sur appel, à reviser leur jugement.

Encore au-dessous se trouvaient les gruyers ou verdiers dont les fonctions très multiples furent longtemps fort indéterminées. A partir de 1669, ils devinrent des officiers proches des maîtres des eaux et forêts, mais avec une juridiction de compétence moindre et un ressort de plus petite étendue.

Le gruyer général était aux gruyers ce que le grand-maître des eaux et forêts était aux maîtres.

L'office de garde-marteau, rendu distinct de celui de gruyer en 1583, consistait spécialement dans la garde du marteau avec lequel se marquent les bois qui doivent être abattus dans les coupes.

Enfin il ne faut pas oublier dans ces diverses fonctions la rédaction et la surveillance des baux de chasse, ce qui, à cette époque, n'était pas une sinécure, vu leur grand nombre et l'importance que l'on y attachait.

# CHAPITRE III



ROSE, SECRÉTAIRE DU CABINET DU ROI

Quand Mazarin vint à mourir, l'avenir de Rose
était assuré : depuis quatre ans déjà il était attaché au cabinet de Louis XIV. La reine-mère, qui
avait dans le secrétaire du Cardinal une confiance
toute particulière, avait tenu à ce que le jeune
Roi prît l'habitude de le faire travailler près de
sa personne et fût ainsi à même de l'apprécier et
de le prendre pour confident.

Les secrétaires du cabinet du roi étaient alors au
nombre de quatre et recevaient chacun 1,200 livres.

Les trois collègues de Rose, qui changèrent du reste à plusieurs reprises pendant le long règne de Louis XIV, étaient alors Bartet, Talon et Galand ; leur position devint bientôt quelque peu subalterne, presque toutes les affaires importantes étaient traitées par Rose, auquel le Roi donna même plus tard le titre de *secrétaire ordinaire* du cabinet.

La rapidité de la plume de Rose étonnait tous ceux qui l'approchaient, il écrivait, dit-on, aussi vite que la parole ; c'était lui qui avait *la plume*, « faisant par charge ce que, dit Saint-Simon, coûterait la vie à un autre. » Il écrivait toutes les lettres *de la main du Roi*, dont il imitait l'écriture et le style à s'y méprendre ; aussi, beaucoup de lettres qui passent pour être de la main du monarque ne sont-elles, en réalité, que l'œuvre du secrétaire.

Dans les premières années de son règne, Louis XIV, qui savait mener de front les plaisirs et le travail, s'astreignait à lire toutes les lettres de ses secrétaires avant de les signer ; mais, souvent, loin de corriger Rose, Louis XIV lui demandait conseil, témoin l'anecdote de la lettre au duc de La Rochefoucauld, anecdote racontée d'une façon tout à fait inexacte par Voltaire, qui ne professait pas une grande admiration pour Rose, et n'admettait guère que le grand Roi pût parfois manquer de mesure.

Un jour, pour annoncer au duc de La Rochefoucauld qu'il venait de le nommer grand veneur, Louis XIV lui écrivit : « Je me réjouis, comme votre ami, du présent que je vous fais comme votre maître. » Voltaire trouve la lettre arrogante et rapporte que c'est Rose qui l'écrivit et que c'est Louis XIV qui ne voulut pas l'envoyer, trouvant qu'elle manquait de tact. Or, s'il est vrai que le billet ne fut pas expédié [1], ce fut au contraire grâce à Rose auquel le Roi le soumit. « Sire, dit Rose à Louis XIV, puisque Votre Majesté veut bien me faire l'honneur de me consulter, je prends la liberté de lui dire que cela est trop brillant et qu'il y a trop d'esprit pour une lettre d'un Roy à l'un de ses sujets. Le caractère de souverain demande plus de sérieux. » Le Roi approuva son secrétaire et le chargea de faire une autre lettre. « Comme le fait remarquer d'Alembert, il eut soin de ne pas faire sentir au maître que son amitié n'avait pas eu le tact assez délicat ni la main assez légère; mais il sut, au contraire, le

1. Voir Ménage et d'Alembert.

flatter habilement et sans affectation, en lui de-
mandant, par forme de doute, s'il n'y avait pas
là trop d'esprit pour un roi. »

Rose, en effet, avait beaucoup de tact ; il savait
garder sa place et si, parfois, comme on le verra
plus tard, il ne craignait pas de se mesurer aux
plus grands seigneurs, il savait au besoin les
prendre par leurs petits ridicules. Il est incontestable qu'une des causes du portrait flatteur que
lui a consacré Saint-Simon est due uniquement à
ce qu'il était toujours très poli avec lui et appelait
les ducs, même ceux avec qui il était familier,
« Votre Altesse ducale. »

Louis XIV ne laissait d'ordinaire, à personne,
durant les quinze premières années de son règne,
le soin de signer ses lettres particulières. Il
arriva pourtant à Rose, au dire de l'abbé de
Choisy, de signer, en 1660, une fois pour le Roi ;
voici dans quelle circonstance : Pendant que la
cour se trouvait en Provence, le roi manda à
Rose, qui était à Aix près du cardinal de Mazarin,
d'écrire une lettre de condoléances à Madame, à
propos de la maladie de M. le duc d'Orléans et
de signer « Louis ». En même temps il faisait dire
à Mazarin de veiller à l'exécution de cet ordre.

Rose fit la lettre, mais quand il s'agit de signer,

il eut peur et refusa, conjurant le cardinal de faire la signature, « puisque personne au monde ne savait mieux que lui contrefaire toute sorte d'écritures, » et dans une si grande perfection, dit Choisy, « que Rose lui-même y était souvent trompé; » mais le cardinal ne voulut pas, et ce ne fut que le lendemain, après en avoir reçu quatre fois l'ordre, que Rose se décida à obéir.

Le Roi voulait-il en cette occasion affecter l'indifférence vis-à-vis de Madame? C'est probable, sinon on n'aurait guère compris qu'il fît deux lettres pour s'en éviter une.

Ici se pose la question difficile, à résoudre d'une façon complète et certaine du degré d'authenticité de la correspondance de Louis XIV.

Quelle part le grand Roi prenait-il dans la rédaction de ses lettres ? et qui les a écrites?

Tout d'abord remarquons que, matériellement, Louis XIV ne pouvait avoir le temps de rédiger toutes les lettres qui portent sa signature; d'autant plus que le Roi n'avait pas la rédaction des plus faciles et écrivait rarement au courant de la plume; on a vu, par l'histoire de la lettre au duc de La Rochefoucauld, qu'écrire un petit billet à un personnage de sa cour n'était pas à ses yeux

un fait sans importance, et qu'il avait pris conseil avant de l'envoyer.

Louis XIV aussi se bornait-il, quand il voulait
écrire personnellement une lettre, à mettre sur le
papier les idées principales : « tout entier aux
idées essentielles qu'il lui suffisait de noter en
quelques mots ; la pensée royale était un germe
que d'autres étaient chargés de féconder [1], » et
pourtant encore peu de lettres du Roi ont cette
origine. Louis XIV n'avait même pas le temps de
*penser* toutes les lettres qu'il était censé écrire.
La plupart étaient rédigées par ses secrétaires et
ses ministres ; d'autant plus que le Roi ne pouvait
être au courant de toutes les affaires qui nécessi-
taient son intervention. Il se bornait alors à revoir
ces lettres et à les corriger parfois. C'est ici qu'in-
tervient Rose ; à mesure que Louis XIV apprit à
le connaître, il se relâcha peu à peu de sa surveillance. Il avait tellement confiance en son secrétaire, qu'il signait le plus souvent sans lire ; plus
tard même, il le chargea de revoir la correspondance rédigée par les autres secrétaires, et, dans
les vingt dernières années de sa vie, il fit de Rose
un véritable surintendant de son cabinet.

1. Charles Dreyss.

Comment en aurait-il pu être autrement? Rose fut son secrétaire ordinaire près de cinquante ans. Une habitude de tous les jours devait forcer Louis XIV à regarder Rose comme un autre lui-même, chargé de tout ce qui avait trait à sa propre correspondance.

Rose n'aimait guère les déplacements; quand le Roi partait en voyage ou se rendait à l'armée, il obtenait aisément, grâce à son crédit, de rester à Paris. Mais Louis XIV n'était pas parti depuis huit jours qu'un exprès venait chercher Rose dont le Roi sentait l'absence et avait sans cesse besoin.

La rédaction des mémoires et des œuvres que nous a laissés Louis XIV sont, pour la plus grande part, très probablement rédigés par Pélisson et l'abbé de Périgny; mais il est très vraisemblable que Rose y a également collaboré.

Quand on a voulu faire des recueils de lettres de Louis XIV, on a été forcé de les admettre toutes ou de tomber dans l'arbitraire le plus absolu. Ainsi, M. Grouvelle, dans son édition des œuvres de Louis XIV, est-il forcé de déclarer que « la règle qu'on a suivie pour un choix si délicat a été que ces lettres, ou fussent intéressantes par leur sujet même, ou du moins portassent quel-

ques-uns de ces traits, qui, tenant au sentiment
personnel ou aux habitudes de l'individu et déno-
tant son caractère et son tour d'esprit, sont enfin
un signe certain qu'un tel écrit est original ». Ce
choix est-il possible entre des milliers de lettres ?
et quelle confiance peut-on accorder à ce procédé? On sait, par exemple, que beaucoup des
plus jolis mots de Talleyrand, de ceux qui sont
le plus dans son esprit, ne sont pas de lui. D'autre
part, Louis XIV a certainement écrit bien des
lettres sur des sujets qui ne nous intéressent plus
et ses secrétaires sur des événements qui pour
nous ont maintenant quelque importance.

Toutefois il faut reconnaître que cette opinion
n'était pas partagée par Louis XIV, témoin cette
curieuse appréciation qui se trouve dans ses
mémoires politiques. « On remarque presque
toujours quelque différence entre les lettres que
nous nous donnons la peine d'écrire nous-même
et celles que nos secrétaires les plus habiles (il
fait ici évidemment allusion à Rose) écrivent pour
nous, découvrant à ces dernières je ne sais quoi
de moins naturel, et l'inquiétude d'une plume qui
craint d'en faire trop ou trop peu. »

Mais ce qui pouvait être facile pour Louis XIV
ne l'est en aucune façon pour nous. S'il est facile

de reconnaître son propre style, il est bien moins
commode de distinguer au milieu de pastiches
admirablement faits la tournure d'esprit d'un
autre.

Généralement, pour découvrir l'authenticité de
manuscrits, on a la ressource de l'écriture. Mais
dans le cas présent, bien loin de guider, ce procédé d'examen ne pourrait qu'amener à des
confusions inévitables.

L'écriture de Louis XIV et de son secrétaire
sont si semblables que, pour les distinguer, il faudrait un examen approfondi de chaque lettre pour
arriver à se faire une opinion, qui encore certainement serait bien souvent erronée.

Les témoignages de tous les contemporains de
Rose ne sont pas faits pour encourager des inves-
tigations de ce genre. Tous déclarent que son
écriture était, quand il le voulait, l'écriture du
Roi à *s'y méprendre*[1]. Une note de la main de
Rose en marge d'une lettre de Louis XIV au
Roi d'Espagne[1] datée du 26 mars 1661, achève
de nous éclairer à ce sujet : « La lettre fut
apportée au Roy toute minutée par M. de

1. L'écriture de Rose avait naturellement une assez
grande analogie avec celle de Louis XIV : c'est une
grande écriture maigre, pointue et penchée.

Lionne; mais Sa Majesté, ayant commencé de la
copier de sa main, m'appela et me recommanda
de l'achever de la mienne : ce qui fit en sorte
qu'il semblait que ce fût une même écriture. »
Ce qui prouve, s'il en était besoin, que Rose
n'était pas un copiste servile, c'est qu'il ajoute :
« Je trouve qu'on se serait bien passé du mot
d'agrément comme trop chatouilleux d'un fils
de France à un Roy d'Espagne. Mais, du Roy
qui écrit, je n'osai pas par respect y toucher et fis
ce qui m'était commandé[1]. »

Une autre note nous apprend qu'il arrivait
souvent à Louis XIV de mettre de sa main un
post-scriptum ou un « entre-ligne » aux lettres
écrites par Rose, et cela n'était pas apparent.

Il faut encore observer qu'il arrivait sans cesse à
Louis XIV d'écrire de sa propre main des lettres
toutes minutées par ses ministres ou ses secré-

---

1. Cette lettre, qu'il serait bien intéressant de retrouver
et qui peut-être se trouve dans les Archives de l'Espagne, commence par cette formule qui, pour paraître
bizarre, n'en est pas moins historiquement fort naturelle :

« Monsieur mon frère, oncle et beau-père, j'ai attendu
à donner part à Votre Majesté du mariage de mon frère
avec la princesse d'Angleterre jusqu'à ce que je puisse
lui mander cette nouvelle avec certitude... »

taires et que, d'autre part, continuellement Rose
écrivait de son écriture particulière des billets
rédigés par le Roi. C'est ce que nous apprend
une note de Rose qui se trouve à la fin d'une
lettre adressée à l'archevêque de Mayence (édition
Morelly, lettre LXXXIV). « Cette lettre a été
écrite de ma main et non de celle du Roy, par
ordre de Sa Majesté à qui ledit sieur Electeur
n'avait pas écrit de la sienne. »

On le voit, il est absolument impossible de
rendre à chacun ce qui lui est dû. Le cabinet du
Roi était un modèle de la division du travail.
Louis XIV pensait la lettre, un secrétaire la rédi-
geait et Rose l'écrivait; ou bien Rose en faisait
la minute, le Roi la revoyait et un secrétaire la
recopiait.

Si l'on veut, d'autre part, essayer de se rendre
compte de la nature des sortes d'affaires qui passaient par le cabinet, on voit qu'il n'y a guère
d'autre règle que le bon plaisir du Roi.

Les lettres expédiées par le cabinet sont adressées à toutes sortes de personnes et traitent de
toutes espèces de sujets. Le Roi ne dédaigne pas
d'écrire, par exemple, à M. de La Roche pour lui
demander quelques chiens de meute. Les secrétaires d'État envoient les lettres les plus impor-

tantes toutes minutées et c'est le Roi qui décide si elles seront écrites de sa main ou non [1].

Il faut ici remarquer que le secrétariat du Roi se personnifie bien dans la personne de Rose. Marie de Médicis et Louis XIII avaient bien eu des secrétaires comme Tronson, Lucas, Le Garde et de Châlons; mais ils étaient par quartier et n'avaient aucune influence; c'étaient des copistes ou de simples rédacteurs.

Au siècle précédent, les rois n'avaient à s'occuper que de fort peu d'affaires, la centralisation

---

1. On trouve dans une lettre de Rose à Mazarin, alors en Provence, d'assez curieux détails sur une prétention du cardinal et sur les revendications des secrétaires du roi. Mazarin voulait que ce fût les secrétaires mêmes qui écrivissent aux premiers présidents et « au-dessous de cousins » les billets où, par exemple, Sa Majesté répondait qu'elle avait reçu leurs lettres et qu'elles lui étaient très agréables. Or Rose remarque que « lorsque l'on écrit des lettres de pur compliment dont Sa Majesté juge à propos de faire accuser la réception, sans y faire réponse elle-même, Sa Majesté n'est pas accoutumée de se servir de la plume de MM. les secrétaires qui sont au-dessus de cela et créés pour écrire seulement sur des matières importantes et des commandements relevés et non sur de semblables bagatelles, vu que ce sont proprement des lettres écrites non à la personne, mais à la dignité du Roi et que les secrétaires du cabinet sont *delle lettere famigliari* ».

n'existant guère; encore le plus souvent s'en
remettaient-ils entièrement à leur chancelier.

Après la mort de Rose, cette institution dépérit
rapidement. Un an après sa mort, le secrétariat
ne se donne déjà plus la peine de prendre la copie
de toutes les lettres expédiées ; il y a bien toujours des lettres de la main du Roi, mais souvent
personne ne s'y méprend. Ces lettres sont simplement un indice de déférence.

Après 1715, après la Régence, Louis XV
prend des ministres qui expédient directement les
lettres de leur département qui, sous le régime
précédent, auraient passé par le cabinet. Le
secrétariat n'a plus d'importance; sa plus grande
occupation est de faire des lettres de politesse ou
de faire-part que le Roi, d'ordinaire, ne signe
même plus lui-même. Si Louis XV a auprès de
sa personne des hommes qui travaillent pour lui,
ce ne sont pas des secrétaires ordinaires, ce sont
des secrétaires que l'on connaît à peine, des secrétaires secrets qui lui permettent d'entretenir
les nombreuses correspondances diplomatiques
qu'il envoyait à l'insu même de ses ministres.

Les lettres de Louis XIV se trouvent disper-
sées dans plusieurs recueils.

Il y a d'abord une *Copie des lettres escrites par le Roy Louis XIV depuis le mois de mars* 1661 *jusqu'au mois de décembre* 1678, en trois parties et deux volumes. Le manuscrit, conservé à la Bibliothèque nationale, est le plus intéressant; il est écrit de la main et porte de nombreuses notes de Rose. Cet ouvrage contient 2,386 lettres.

A partir de 1670 se trouve, pour chaque année, un *Registre des lettres expédiées par le secrétariat.* Le nombre des lettres est beaucoup plus considérable; il est tenu par un scribe dont le principal mérite est probablement l'écriture. Il en existe neuf volumes à la Bibliothèque nationale, comprenant les années 1670, 1671, 1672, 1673, 1674, 1680, 1681, 1682, 1701.

Il y a également à la Bibliothèque nationale un petit volume contenant une centaine de lettres de Louis XIV intitulé : *Recueil des plus importantes lettres escrites par le Roy Louis aux Rois, princes souverains de l'Europe et grands du Royaume, depuis l'année* 1661 *jusqu'en* 1669, par Rose, secrétaire du cabinet.

Enfin, plus de cinquante ans après la mort de Rose parurent deux petits volumes dont voici le titre exact : *Lettres de Louis XIV aux princes de l'Europe, à ses généraux, ses ministres,*

*recueillies par M. Rose, secrétaire du cabinet,
avec des remarques historiques, par M. Morelly*[1].

Ce recueil embrasse la période de 1661 à 1678
et compte cent trente-huit lettres. Il ne présente
aucun intérêt, car il est rempli d'erreurs et
d'omissions. Morelly n'a évidemment eu entre
les mains qu'une copie médiocre et très incom-
plète du manuscrit de Rose. L'éditeur, du reste,
s'en doutait, puisqu'il dit dans sa préface : « Il
est fâcheux que la personne[2] qui m'a confié le
soin de cette édition n'a pu recouvrer que cette
portion d'un si curieux monument, sans doute
que son exemple engagera ceux qui en possèdent
les restes à ne pas les laisser ensevelir dans la
poussière d'un cabinet. »

*La Copie des lettres de Louis XIV* de la main

1. A Paris et à Francfort, en foire, chez Bassompierre,
libraire à Liège, MDCCLV. — Cet ouvrage est rare.
Morelly, auteur assez prolifique, sur la vie duquel on ne
possède presque aucun renseignement, est surtout connu
par une utopie gouvernementale qu'il publia sous le
titre de *Code de la nature.*

2. Peut-être était-ce M. Durey de Noinville, dont l'ex-
libris se trouve sur le manuscrit du *Recueil des plus
importantes lettres de Louis XIV écrites de* 1661 à
1669 : les années comprises entre 1670 et 1678 n'étant
représentées dans l'édition Morelly que par quelques
lettres.

même de Rose renferme de nombreuses notes indiquant les lettres qui n'ont pas été expédiées, celles dont on a changé les dates, celles qui ont été envoyées à plusieurs exemplaires, etc., etc. On y trouve des mentions de ce genre :

« Lettre fort sèche par ordre exprès du Roy. »

« Cette lettre n'est pas de la main du Roy ni véritable, ni imitée, mais de la mienne propre et à découvert. Le Roy me commande d'en user ainsi sur ce que le Roy d'Espagne ayant écrit de sa propre main à M^{gr} frère du Roy, le comte Fuensaldagne fit valoir cela à Saint-Romain comme un grand passe droit, disant qu'il n'écrivait de la sorte qu'aux rois et aux princes du sang. »

A la fin des lettres se trouvent continuellement des observations critiques ; par exemple : « Je crois que l'expression : le feu Roy, mon père aurait suffi dans cette lettre, le monseigneur étant plus du style des lettres patentes, etc. »

Au moment de la grossesse de la Reine, le cabinet avait préparé toutes les lettres de faire-part pour les deux cas, s'il naissait une fille ou un garçon. Rose ajoute : « Lettres [1] pour fille, pré-

1. Ces lettres sont au nombre de cinq.

parées par ordre du Roy, mais inutiles, Dieu
merci. »

On trouve à chaque page des mentions d'éti-
quettes, on y voit que quand les lettres n'étaient
pas de la main du Roy, on expédiait les lettres
avec le mot Monsieur en tête. Si elles étaient de
sa main, on mettait le nom tout court : « Par
ordre du Roy[1] on ne mit point de Monsieur,
mais aussi on lui écrit de la main de Sa Majesté. »

Quelquefois également le Roi, pour marquer
moins de déférence, ne signait pas au-dessous de
la souscription.

La lettre qui n'était pas de la main était le plus
souvent contresignée; de plus, bien qu'on l'ait
souvent répété, Louis XIV ne signait pas toutes
ses lettres. Voici, en effet, la note que Rose mit sur
une lettre adressée au grand-maître de Malte, le
12 juin 1678 :

« Le Roy ne voulut pas signer cette lettre à
cause de la résolution qu'il a prise de n'en signer
plus de sa main pour des recommandations, à
moins que ce ne soit pour des affaires, ou pour
des personnes de la plus haute importance. »

---

1. La lettre à laquelle il est fait allusion commence
ainsi : « Vivonne, par la lettre ci-jointe je mande... »

Au commencement du règne, Rose et de Lionne n'étaient pas des mieux ensemble. Rose trouve sans cesse que les lettres de Lionne ne sont pas rédigées suivant l'étiquette, aussi Rose a-t-il soin de toujours désigner les missives qu'il n'a pas eu le droit de retoucher comme pour ne pas en prendre la responsabilité.

A propos d'une lettre toute minutée par de Lionne adressée au roi de Pologne, où il s'agissait de l'élévation au cardinalat de l'ambassadeur de France, Pierre de Bousy, évêque de Béziers, Rose ajoute insidieusement :

« M. de Lionne, qui avait minuté cette lettre, me fit commander par le Roy de n'y rien changer. Elle pouvait être adoucie dans les termes sans être affaiblie dans la substance. Outre la liaison intime que ces deux ministres[1] avaient ensemble, je ne sais si M. de Lionne ne reçoit point de gratification aussi bien que la mère du roi de Pologne qui eut une somme considérable pour faire renouveler la nomination par le Roy son fils. »

Ailleurs se trouvent quelques détails sur la nomination de M. de Lauzun comme capitaine des gardes du corps :

1. Il s'agit de Lionne et de l'ambassadeur.

« Le Roy a réglé le prix de la charge de capitaine des gardes du corps de M. de Lauzun à la somme de quatre cent mille livres. Que pour la payer et satisfaire au brevet de retenue de deux cent mille livres que Sa Majesté avait donné à M. de Nogaret et à ses enfants sur la charge de maître de la garde-robe qu'avait feu M. de Nogaret, il donne à M. de Luxembourg ladite charge de M. de Nogaret en pur don de laquelle il retire cinq cent cinquante mille livres et ainsi la charge de M. de Lauzun ne lui coûta que cinquante mille livres. »

A propos de la duchesse d'York, Rose observe : « Elle était fille du chancelier Hide. M. le duc d'York [1] fut obligé de l'épouser, quoique la fille d'un homme de loy, et fort au-dessous de sa condition, parce qu'il l'avait aimée et lui avait promis mariage, ce qui est un engagement immuable par les loys de ce pays. » On voit que les promesses de mariage ne sont pas choses nouvelles en Angleterre.

Il existe également à la Bibliothèque nationale un *Formulaire pour le cabinet du Roi* composé vers 1671, qui évidemment a été rédigé sous la surveillance de Rose. Outre qu'à cette époque, il

---

1. Plus tard Jacques II.

avait déjà une situation toute prépondérante dans
le cabinet, il faut remarquer que le nom de Rose
ne se trouve pas une fois dans les notes, où sont
indiqués les secrétaires qui avaient fait ou proposé des variantes, ce qui tend à prouver qu'il en
était l'auteur. De plus, l'ouvrage est suivi du formulaire dont se servait le cardinal Mazarin « seul
et suprême ministre d'État de France ».

Dans ce recueil curieux qui comprend également
le formulaire de Monsieur le Dauphin se trouve
relaté le format du papier à employer, la couleur
des cachets, les suscriptions et les souscriptions.
Ainsi les formules changent suivant que la lettre
est adressée, à la reine-mère, à la reine régente,
à M. le Dauphin, aux autres enfants légitimes du
Roi, aux enfants naturels, aux filles naturelles, à
Monsieur le duc d'Orléans, à Mademoiselle fille
aînée de Monsieur le duc d'Orléans, etc., etc.
Dans le formulaire des souscriptions, il y a plus
de cent cinquante formules accompagnées de
notes historiques; on prévoit même des cas qui
ne se sont jamais produits; ainsi on hésite pour
savoir si, le cas échéant, on écrirait au Roi de
Suède, auquel le cabinet n'avait, paraît-il, jamais
écrit de la main du Roi, votre bon frère ou telle
autre formule de politesse.

Le formulaire du Dauphin comprend également
une quarantaine de formules.

Voici quelques-unes des règles générales qui
s'appliquaient à toute la correspondance et pourront présenter quelque intérêt :

« Les lettres du cabinet sont de la main du
Roy, véritable ou imitée, ou de la main du secrétaire, suivant qu'il plaît à Sa Majesté...

« Elles s'écrivent en petit papier doré des
quatre côtés ; on met une feuille double à tous
ceux qu'on traite de cousins et simple aux autres
si l'écriture n'occupe deux feuillets...

« On plie les lettres en quatre et on les ferme
avec de la soie, savoir : avec de la blanche quand
c'est pour le pape, avec de la bleue pour tous les
princes tant souverains qu'autres, et de la rouge
pour tous les autres...

« Le cachet de France sert pour tous les sujets
du Roy, et celui de France et de Navarre pour
tous les autres...

« On doit se servir de soie noire quand le Roy
prend le deuil en noir et soie violette, et cire
violette ou noire lorsqu'il prend le violet.

« On peut terminer toutes les lettres par
Priant Dieu, etc., ou par un souhait avec la date
tout de suite, etc., etc. »

Rose était un véritable personnage à la cour, les ministres le ménageaient, les grands seigneurs le saluaient. Dès 1661, Rose était assez dans la confiance de Louis XIV pour que Bussy-Rabutin lui écrivît de s'occuper s'il était possible de la réalisation de son plus grand vœu, c'est-à-dire d'être fait chevalier de l'Ordre, et lui envoya à cet effet une lettre à remettre à Louis XIV. Voici la lettre de réponse que lui envoya Rose :

MONSIEUR,

Une heure après avoir reçu votre lettre des mains de M. le marquis d'Arcy, j'ai été assez heureux pour trouver la conjonction favorable de la remettre en celles du Roi. Je vous puis assurer, Monsieur, de lui en avoir vu lire le commencement, mais, pour le reste, Sa Majesté m'ayant commandé quelque chose qui m'a obligé de sortir et de la laisser seule, je ne vous en puis rien dire, si ce n'est qu'il y a grande apparence qu'il l'aura achevée. J'aurais voulu, pour cette affaire seulement et sans conséquence, avoir assez de privauté pour lui demander ce qui en est[1] ; mais vous savez bien, Monsieur, que je ne suis pas de cette classe-là. Il y a M. Le Tellier[2], qui est puissant et obligeant, à qui j'estime que ce ne serait pas mal fait

1. Rabutin ne fut pas nommé ; toutefois, il ne prit pas trop mal son insuccès. « Une chose qui m'aida fort à me consoler, dit-il, fut la passion que j'avais alors pour M$^{me}$ de Monglas dont je croyais être aimé. »

2. Rabutin, en effet, écrivit à Le Tellier ainsi qu'à Turenne et à La Mesnardière.

d'en écrire un mot. Si vous jugez que je sois propre à
quelque chose, vous n'avez qu'à commander. Je m'inté-
resse fort à vos avantages, et si j'y pouvais contribuer,
il n'y a rien que je ne fisse avec plus de joie, vous hono-
rant parfaitement et étant avec beaucoup de passion et
de respect. Monsieur, votre très humble et très obéis-
sant serviteur.

ROSE.

A Fontainebleau, ce 4 novembre 1661.


Dans ses mémoires, Rabutin ajoute : « Rose
était un fort honnête homme et qui avait bien de
l'esprit. »

Rose était dans l'intimité du Roi qui, connais-
sant sa discrétion légendaire, s'ouvrait à lui sur
toute chose et lui permettait toute sorte de franchise ; aussi, on le comprend, avait-il un véritable
culte pour Louis XIV. Racine nous présente la
chose d'une façon assez plaisante : il écrit à Boileau,
qui faisait un séjour à Bourbon pour sa santé, qu'il
a vu récemment Rose, qui pense qu'il serait aussi
bien à Paris, parce qu'après Dieu, le Roi était le
plus grand médecin du monde, et Racine ajoute :
« Je fus fort édifié que M. Rose voulût bien mettre
Dieu avant le Roy. Je commence à soupçonner
qu'il pourrait bien être en effet dans la dévotion. »
Rose était sceptique sur tout, excepté sur le Roi.

Homme de beaucoup d'esprit, courtisan émérite, Rose savait ne pas flatter le Roi au sens banal du mot ; il prenait même parfois vis-à-vis de Louis XIV un air de franchise brutale qui confondait les courtisans, mais il connaissait aussi les désirs secrets du Roi, ses points faibles, et savait s'arranger pour toucher son cœur sans lui prodiguer de lourdes et banales flatteries ; aussi était-il certain d'arriver à ses fins et d'obtenir tout ce qu'il demandait. Ainsi Rose, un jour qu'il avait une grâce à demander, sachant que Louis XIV aimait beaucoup Louvois, qu'il mettait son amour-propre dans la réussite de son ministre et se plaisait à raconter sans cesse et à croire que c'était lui qui l'avait formé, raconta publiquement que la louange qui avait été récemment le plus au cœur de Louis XIV était l'ode de la prise de Lens où M$^{me}$ Deshoulières célébrait vivement Louvois à côté du Roi. Louis XIV, l'ayant appris, en fut charmé et accorda tout ce que Rose voulait.

Il était d'autant plus puissant qu'il connaissait et comptait sur sa force ; le prince de Condé[1] lui demandait sans cesse de lui vendre sa terre de Coye pour agrandir Chantilly et toujours Rose refusait les offres brillantes qu'on lui faisait ; un

---

1. Henry-Jules de Bourbon, prince de Condé, duc d'Enghien et de Châteauroux, fils du grand Condé.

jour, le prince exaspéré, pour se venger, « fit jeter par-dessus le mur du parc du château de Coye trois cents renards ou renardeaux qu'il fit prendre de tous côtés et qui l'ajustèrent en une seule nuit comme il se peut imaginer [1]. » Rose, en furie, vint trouver le Roi et *d'abordée* lui demanda brusquement, avec sa familiarité ordinaire, s'il y avait deux rois de France.

Quelque accoutumé que fût le Roi aux libertés de Rose, la question le choqua et il lui demanda ce qu'il voulait dire. Rose, « qui le sentit, partie furibond, partie goguenard, lui raconte son aventure : — Si Monsieur le Prince est roi comme vous, dit-il, il faut pleurer et baisser la tête sous ce tyran ; s'il n'est que premier prince du sang, je vous demande justice. » La chose parut si violente au Roi qu'il envoya sur l'heure commander au Prince de Condé de faire reprendre tous ses renards et *tellement qu'il n'en reste pas un,* et dès qu'il le vit, « il lui parla en sorte que Monsieur le Prince chercha à se raccommoder avec Rose, à qui il se garda bien de déplaire dans l'avenir ; mais le bonhomme lui garda une dent le reste de sa vie [2]. » On voit que, même étant prince du sang, il

1. Saint-Simon.
2. Voir page 94.

ne faisait pas toujours bon « de se frotter à Rose ».
Voici également une histoire racontée par l'abbé
d'Olivet qui montre encore son crédit près du
Roi.

Un jour, l'abbé Syri [1], qui était très lié avec Rose,
probablement par conformité de dispositions sati-
riques, entendit, dans une réunion tenue chez lui
à Chaillot, exalter Louvois qu'il n'aimait pas. Il
ne put se contenir. « Mousù Louvès, s'écria-t-il
dans son jargon accoutumé, il più grand homme
de l'Europe ? Contentez-vous de le donner per il
più grand commis et si vous voulez ajouter quelque
chose, per il più grand brutal. » Ces paroles furent
rapportées à Louis XIV, qui, se regardant comme
offensé en la personne de son ministre, parla de
châtier l'insolent Syri ; Rose sollicite un court
délai, part pour Chaillot, se met au fait et reparaît
le soir au coucher du Roi. « Sire, dit-il, mon ami
Syri a une mauvaise langue, il s'emporte surtout
lorsqu'il entend attaquer la gloire de Votre
Majesté ; on a fait devant lui honneur à M. de
Louvois de toutes nos victoires de Flandre. Il a

---

1. L'abbé Syri, homme de beaucoup d'esprit, quoique
d'un caractère assez peu estimable. Il fut souvent soup-
çonné d'avoir vendu sa plume ; ses principaux ouvrages
sont le *Mercure* et les *Memorie recondite*.

soutenu que M. Louvois était peut-être un grand
commis, mais qu'il est aisé de réussir dans son
métier, lorsqu'avec tout l'argent du royaume on
n'avait à exécuter que des projets aussi sagement
combinés, des ordres aussi prudemment donnés
que ceux du maître qu'il servait. — Il est très
âgé, n'est-ce pas? répondit Louis XIV ; il ne faut
pas lui faire de peine. » On voit que, suivant les dispositions du roi, Rose disait blanc ou noir, savait
faire la louange de Louvois ou au besoin l'attaquer.

Quelquefois pourtant, les courtisans trouvèrent
moyen de le mystifier impunément en faisant
rire le Roi. Le duc de Vendôme, dans ses voyages,
ayant un jour rencontré un Bolonais du nom de
Primi fort intelligent, résolut de mystifier Paris.
Il le ramène avec lui et annonce à la cour qu'il
a découvert un savant qui lit dans l'écriture le
passé, le présent et l'avenir. Il suffit d'envoyer un
mot de sa main et le savant Primi vous renseigne
sur ce que vous désirez savoir. Inutile d'ajouter
que c'était M. de Vendôme, l'homme le plus au
courant des intrigues et des racontars de la cour,
qui dictait à Primi ses réponses qui, à défaut de
l'avenir, racontait avec une vérité surprenante
le passé le plus secret de chacun.

Tout Paris le consulta. La comtesse de Soissons

fut très émerveillée de ses talents et le présenta à Madame, qui, à son tour, insista beaucoup auprès de Louis XIV pour qu'il envoyât secrètement un mot de son écriture ; mais le Roi, qui craignait peut-être quelque révélation déplaisante, refusa long-temps ; enfin, pressé de toutes parts, il ordonna de faire venir Primi pour l'interroger lui-même.

Primi arrive. Louis XIV lui montre un billet de sa main et demande quelle espèce d'homme l'avait écrit. Tranquillement, Primi répond que c'est celle « d'un vieil avare, d'un fesse-mathieu, d'un homme enfin incapable de jamais rien faire de beau et de bon ».

Les personnes présentes sont atterrées autant par le calme de Primi que par les éclats de rire du Roi qui ne riait pas souvent d'aussi bon cœur ; mais, au bout d'un moment, tout le monde devine, on avait reconnu la charge du portrait de Rose. M. de Vendôme s'était assuré que Louis XIV avait fait écrire par son secrétaire. Rose fut seul à ne pas rire dans Paris de cette histoire.

Une autre fois, l'anecdote est plus cruelle, la voiture de Rose avait été « déconfite » ; d'impatience, il avait pris un cheval ; mais, médiocre cavalier, bientôt le cheval et lui « se brouillèrent » et le cheval s'en défit dans un bourbier. Passa M. de

Duras dont le carrosse « allait doucement dans cette fange » ; Rose l'appelle, M. de Duras l'entend, met le nez à la portière, l'aperçoit ; mais au lieu de le secourir, il se met à rire et à crier « que c'était là un cheval délicieux de se rouler ainsi sur les *roses* » ; puis il continua son chemin, laissant Rose embourbé ; un moment après, le duc de Coislin, plus charitable, recueillit le pauvre Rose qui jamais depuis n'approcha M. de Duras, « qui avait le bec aussi bon que lui » et en avait fait le conte au Roi et à toute la cour, qui en rirent fort.

# CHAPITRE IV



ROSE ET L'ACADÉMIE FRANÇAISE

Rose fut élu de l'Académie française en remplacement de Conrart. Ainsi que ce dernier, il fut plutôt reçu à titre de bienfaiteur de la Compagnie que comme un écrivain appelé à jeter un vif éclat dans les lettres. La maison de Conrart avait été « le berceau de l'Académie ». Rose lui obtint pour ainsi dire ses lettres de grande naturalisation en la faisant mettre par le Roi au nombre des cours souveraines appelées à venir le haranguer dans les grandes cérémonies.

Pour atteindre ce résultat, voici, d'après Ch. Perrault, la façon dont il s'y prit : un jour qu'après avoir joué à la paume, Louis XIV se trouvait en belle humeur, Rose s'approcha du Roi et lui dit [1] : « Sire, on ne peut disconvenir que Votre Majesté ne soit un très grand prince, très bon, très puissant et très sage et que toutes choses ne soient très bien réglées dans son royaume. Cependant j'y vois un désordre horrible dont je ne puis m'empêcher d'avertir Votre Majesté. — Quel est donc, Rose, dit le Roi, cet horrible désordre ? — C'est, sire, reprit-il, que je vois des conseillers, des présidents et autres gens de longue robe, dont la véritable profession n'est pas de haranguer, mais bien de rendre justice au tiers et au quart, venir vous faire des harangues sur vos conquêtes, tandis qu'on laisse muets, en si beaux sujets de parler, ceux qui font profession particulière d'éloquence. Le bon ordre ne voudrait-il pas que chacun fît son métier, et que Messieurs de l'Académie française, chargés par leur institution de cultiver le précieux don de la parole, vinssent vous rendre leurs devoirs en ces jours de cérémonie ? — Je trouve, Rose, dit

1. C'était en 1667.

le Roi, que vous avez raison; il faut faire cesser
un si grand scandale et qu'à l'avenir l'Académie
française vienne me haranguer comme le Parlement et les autres compagnies supérieures. Aver-
tissez-en l'Académie et je donnerai ordre qu'elle
soit reçue comme elle mérite. »

Quelques jours après, « l'académicien, qui était
alors directeur, alla, suivi de toute la Compagnie
en corps, haranguer le Roi à Saint-Germain à la
suite du Parlement, de la Chambre des comptes
et de la Cour des aides; elle fut reçue comme
ces compagnies; le grand-maître des cérémonies
alla la prendre dans la salle des ambassadeurs où
elle était assemblée, et la mena jusqu'à la chambre
du Roy où le secrétaire d'État de la maison du
Roy la trouva et la présenta à Sa Majesté. » La
harangue plut extrêmement et Louis XIV témoi-
gna de sa satisfaction d'avoir appelé l'Académie
à cette cérémonie. Elle a continué depuis lors à
s'acquitter de ce devoir dans toutes les occasions
qui se sont présentées [1].

« Depuis ce jour, dit à ce propos L. de Sacy dans
son discours de réception à l'Académie, Minerve

1. L'Académie française a été la seule Académie à
jouir de ce privilège.

va d'un pas égal avec Thémis rendre hommage aux vertus qui font le bonheur de la France. »

Une autre fois, avant sa réception, Rose persuada à Colbert, qui aimait beaucoup s'occuper de l'Académie dont il était un des plus chauds protecteurs, d'augmenter la valeur des jetons de présence [1]. Colbert approuva l'idée et s'en ouvrit à l'Académie. Mais Ch. Perrault, au nom de ses collègues, refusa, « estimant que cette rétribution, devenue plus forte, pourrait être regardée comme une espèce de bénéfice que les grands de la cour feraient avoir à leurs aumôniers, aux précepteurs de leurs enfants et même à leurs valets de chambre [2]. »

L'Académie [3], toutefois, sut gré à Rose de ses louables efforts, et, sûre de faire un choix qui ne pouvait être qu'agréable à Louis XIV, elle lui donna, le 27 octobre 1675, le fauteuil de Conrart.

---

1. Il s'agissait de porter leur valeur à un demi-louis.

2. D'Alembert, comme Perrault, est d'avis que l'Académie, « comme bien d'autres républiques plus considérables, se serait perdue par les richesses, et que sa devise devait être égalité, désintéressement, liberté. »

3. Cette même année, l'Académie avait mis au concours pour le prix de poésie *l'Éloge de Louis le Grand,* protecteur de l'Académie.

Voici, à titre de curiosité, un passage d'une des pièces

Rose fut reçu la même année, le 12 décembre[1].

Dans son discours de réception, le nouvel académicien reconnaît, avec autant de sincérité que de modestie, que son bagage littéraire est quelque peu mince : « Messieurs, dit-il, vos lois

couronnées. L'auteur, après avoir fait l'éloge de Richelieu et de Colbert, continue ainsi :

> Mais ces deux grands héros, tout-puissans qu'ils étaient,
> Tenaient d'un plus grand qu'eux l'appuy qu'ils se prêtaient ;
> Et quoique cet appuy se dust être honorable,
> A celuy de son Roy qu'est-il de comparable ?
> Quelle proportion du Louvre* à leurs hôtels,
> Et du séjour des Dieux à celuy des mortels ?
> D'un miracle du monde à des maisons communes
> Et du destin des roys à des faibles fortunes ?
> Oh ! qu'un semblable échange est glorieux pour toy !
> Il t'approche du trône et des yeux de ton Roy ;
> Il te met sous le dais auprès de sa personne,
> Il te fait réfléchir l'éclat qui l'environne,
> Et présente à nos yeux dans un lustre pareil
> Quarante astres rangés autour de leur soleil,
> Qui, sans aucun déchet de leur clarté première,
> Versent de toute part des torrens de lumière.

* Ce fut en 1672 que le roi accorda à l'Académie la permission de se réunir au Louvre.

1. Rose occupa le sixième fauteuil dont voici les différents titulaires : Conrart (1634), Rose (1675), L. de Sacy (1701), Montesquieu (1728), de Châteaubrun (1755), de Chastellux (1775), de Nicolay (1789), François de Neufchâteau (1795), Pierre Lebrun (1828), Alexandre Dumas fils (1873).

(que j'observerai toute la vie) me seraient bien
favorables si elles obligeaient au silence les nou-
veaux académiciens pendant les premières années
de leur réception en cette illustre compagnie. Je
pourrai, par mon assiduité à vos doctes confé-
rences, espérer d'acquérir une partie des talents
qui me manquent pour entreprendre de parler
devant les arbitres souverains du bien dire. » Et
plus loin, il ne se fait guère plus d'illusion sur les
véritables motifs qui ont causé son admission, il
ajoute : « La bonté avec laquelle il plaît au Roy de
me souffrir auprès de lui, et peut-être le généreux souvenir qui vous reste de quelques témoignages superflus de ma bonne volonté, ont eu
beaucoup plus de part que ma propre considération au précieux don que vous me faites. »

Ce fut à l'abbé Régnier[1] qu'incomba le soin de
lui répondre. Ce discours, d'une banalité déses-
pérante, mériterait à peine d'être signalé, s'il ne
se terminait par un appel que, malheureusement
pour l'histoire, Rose ne voulut point entendre.
L'orateur lui rappela que lui qui connaissait si
bien le Roi ne pouvait faire un plus noble usage

1. Dans le même discours il répondait à M. de Cor-
demoy, successeur de Ballesdens, qui avait été reçu le
même jour.

de sa vie que d'entreprendre de bien faire connaître Louis XIV à ses contemporains.

Rose fut, dès le commencement, un des assidus
de l'Académie. Quand ses occupations diverses
ne le retiennent pas, il vient causer avec ses collègues, s'occupe des élections, s'enquiert si la Compagnie n'a rien à demander à Louis XIV. L'année
suivante (1676), il obtint que le Roi fît doréna-
vant réserver aux différentes pièces de théâtre
qui se joueraient à la cour six places pour
MM. les membres de l'Académie et « lorsque
MM. Racine, de Benserade, Rose, Charpentier,
Furetière, Quinault allèrent pour la première fois
se mettre en possession de ces places, non seulement ils furent installés avec honneur, mais les
officiers du gobelet eurent ordre de leur présenter des rafraîchissements entre les actes, de même
qu'aux personnes les plus qualifiées de la cour ».

Pendant longtemps, le directeur de la Compagnie avait seul un fauteuil. Les autres académiciens ne possédaient que des chaises. Rose en
parla un jour à Louis XIV qui aimait fort savoir
les plus petites choses qui se passaient à l'Académie et qui aussitôt en fit envoyer « quarante
tous pareils ».

Bref, c'était toujours Rose qui était auprès du

Roi l'intermédiaire des requêtes de la Compagnie et de ses membres. Dans son éloge de Rose, d'Alembert le constate d'une façon des plus flatteuses pour lui : « L'accès, dit-il, que sa place lui donnait auprès du Roy, lui était surtout agréable par les moyens qu'ils lui fournissaient d'obliger ses confrères et d'inspirer pour eux au monarque de justes sentiments de bienveillance et d'estime... éloge que ses pareils n'ont pas toujours mérité. »

En 1679, il fut élu chancelier et, comme tel, chargé par la Compagnie de haranguer le Roi au sujet du traité de Nimègue. Ce fut le 23 mai 1679 qu'il prononça à Saint-Germain-en-Laye son discours sur la paix. Il faut reconnaître que ce morceau oratoire paraît maintenant quelque peu ampoulé, déclamatoire et rempli de lieux communs. Toutefois, pour le juger, il faut se reporter au goût du temps.

En voici la péroraison : « Cependant nous redoublerons nos vœux pour la conservation du généreux vainqueur de soi-même, de l'arbitre souverain de la république chrétienne, du restaurateur de la religion et de la justice, du père du peuple et des lettres, enfin de Louis XIV, ce roy, donné de Dieu par miracle pour être l'honneur, les délices et (si sa modestie peut souffrir ce terme) le maître du genre humain ! »

Quoi qu'il en soit, la harangue plut énormément à Louis XIV, qui remercia l'Académie du discours et du choix de son auteur.

Rose était un ami et un admirateur de Colbert, avec lequel il avait débuté sous le ministère de Mazarin. Il fut très attristé de sa mort et ce fut lui qui s'occupa d'organiser le service solennel que l'Académie, qui devait tant à Colbert, fit célébrer en son honneur le mardi 16 octobre 1683, dans l'église des révérends pères carmes du couvent des Billettes.

Quelque temps après, quand l'Académie songea à remplir ce fauteuil vacant, Rose mit en avant le nom de Boileau. Mais l'auteur des *Satires* avait trop d'ennemis ; de plus, pour forcer les portes de l'Académie, il se refusait à faire quelque démarche que ce soit, même celles d'usage ; malgré l'activité de ses amis, en particulier de Racine, de Régnier, de Rose et de Desmarets, La Fontaine fut élu.

Louis XIV fut peu satisfait de ce choix : il aimait beaucoup Boileau et tenait rigueur à La Fontaine pour ses premières œuvres ; il ajourna son approbation. Rose ne fut pas tout à fait étranger à ce retard dans la réception du grand fabuliste; quand Bezons vint à mourir, ce fut une arme dont il se servit pour assurer le succès de Boileau, il argua du mécontentement du Roi et évita ainsi toute discussion sur la candidature de son ami.

Outre Boileau, Racine, Régnier, Desmarets, il ne faut pas oublier, parmi les grands amis de Rose à l'Académie, l'abbé de Choisy dont il était l'intime et dont il manquait rarement un des mardis au Luxembourg[1].

Rose aimait fort à prendre part dans les querelles littéraires. On a déjà vu comment il seconda Voiture contre Balzac.

Quand vint, en 1685, la question de l'expulsion de Furetière, Rose se déclara son adversaire, et, comme président de l'Académie, il alla porter au Roi, avec les académiciens qui étaient alors en charge, les mémoires « touchant les raisons de la destitution de l'abbé de Furetière ».

A ce propos, Tallemant[2] raconte qu'un académicien ayant ajouté qu'en dehors de leurs griefs littéraires, ses confrères et lui ne pensaient pas

---

1. A plusieurs reprises, dans ses mémoires, l'abbé de Choisy parle de Rose d'une façon très élogieuse.

2. L'abbé de Tallemant l'aîné, premier aumônier de Madame, de l'Académie française.

que ce fût un homme « dans l'ordre », Louis XIV répliqua vivement que s'il en était ainsi, l'Académie n'aurait pas dû le recevoir.

Personne n'osait répondre à cette sortie, quand Rose qui, on le sait, gardait son parler franc avec le Roi, prit la parole et « répondit, avec beaucoup de respect, que malheureusement la Compagnie ne le connaissait point d'abord comme elle l'avait fait depuis ».

Toutefois, probablement pour ne pas s'aliéner davantage le secrétaire du Roi, le nom de Rose ne se trouve pas une seule fois dans les nombreux factums, où Furetière attaque avec tant de violence les académiciens qui ne s'étaient point déclarés pour lui.

Quand vint la question de donner un successeur à Furetière, la candidature d'un jeune écrivain fournit à Rose l'occasion d'entrer encore une fois dans la lice.

Ce jeune homme était Fontenelle, l'ennemi de Racine[1] qui se présentait à l'Académie, appuyé

1. A plusieurs reprises, Fontenelle avait pris le parti de son oncle Corneille contre Racine. Ce fut à propos de sa tragédie *l'Aspar* que Racine fit la fameuse épigramme sur l'origine du sifflet au théâtre. Fontenelle avait déjà échoué une fois contre l'abbé Testu de Mauroy, mais son insuccès avait passé tout à fait inaperçu.

par Bussy-Rabutin, Ch. Perrault et tout le parti des « Modernes ».

Rose et les « Anciens » combattirent avec la dernière énergie cette candidature. Étant les plus nombreux, ils trouvèrent « un esprit mieux fait et plus délicat » dans la personne de Jean de la Chapelle, secrétaire des commandements du prince de Conti, traducteur de Catulle et poète tragique.

Peu de temps après, J. Doujat vint à mourir ; même candidature, même insuccès. L'abbé Eusèbe Renaudot, le petit-fils du fondateur de la *Gazette de France*, fut élu.

Les Modernes ne se découragèrent pourtant pas et de nouveau présentèrent le futur auteur des *Entretiens sur la pluralité des mondes*, pour occuper la place vacante de Quinault. Ce fut encore en vain, François de Callières l'emporta.

Fontenelle menaçait de devenir candidat perpétuel quand, on ne sait trop pourquoi ni comment, il fut élu, presque sans discussion, au siège de Renouard de Villayer en 1691.

Pour être juste, il faut remarquer que Fontenelle n'avait pas encore trop à se plaindre, puisqu'il entrait à l'Académie à moins de trente-cinq ans. Plus tard, Fontenelle aimait à répéter : « J'ai

essuyé quatre échecs successifs ; je l'ai souvent
dit à des candidats qui se plaignaient d'avoir été
éconduits, mais j'ai eu beau me citer comme
exemple, j'avoue que je n'ai jamais consolé personne. »

Si Fontenelle, comme on le voit, prit gaiement
ses échecs, Rose pendant longtemps ne pardonna
pas à l'Académie cette élection. Il fut d'autant
plus en colère, que le hasard lui faisant rejoindre
le Roi dans les Pays-Bas, peu de temps après
cette élection, il fut chargé par la Compagnie
d'en demander à Louis XIV la ratification. Il fit
sur le moment contre fortune bon cœur, le Roi
approuva le choix de l'Académie, mais Rose resta
fort irrité.

De Mons, Racine écrit à Boileau, le 3 avril
1691, que, pour lui, « il est bien consolé de l'élection de Fontenelle, mais que Rose est tout fâché
de voir l'Académie *in pejus ruere.* »

Ce ressentiment dura longtemps, car, l'année
suivante, Racine, du camp de Namur, écrit encore
à Boileau : « M. Rose m'a confié les grands dégoûts
qu'il avait de l'Académie, jusqu'à méditer d'y faire
retrancher les jetons, s'il n'était, dit-il, retenu
par la charité. Croyez-vous, ajoute Racine, en
faisant allusion à l'excessive parcimonie de son

collègue, croyez-vous que les jetons durent
longtemps s'il ne tient qu'à la charité de M. Rose
qu'ils ne soient retranchés ? »

La postérité a jugé sévèrement cette cabale.
Fontenelle n'en est pas moins célèbre et Rose n'en
est pas connu plus à son avantage. D'Alembert a
mille fois raison quand il fait la remarque que cet
homme, qui devait faire aller l'Académie de mal
en pis, « occupe aujourd'hui une place que le président Rose, quoique estimable d'ailleurs, serait
très heureux de partager. »

Rose fut un des assidus du dictionnaire ; il y
travailla avec ardeur et se déclara très satisfait
d'avoir vu mener à bien la première édition qui
vit le jour en 1694.

Ce fut lui qui, le 3 juin 1695, répondit au
discours de réception de l'abbé de Clérembault,
successeur de La Fontaine. Après un éloge du
nouvel académicien et du grand fabuliste, « qui
n'était pas moins célèbre, ni moins original dans
notre langue que Phèdre dans la sienne, » il fait
l'inévitable parallèle de Louis XIV et d'Alexandre
le Grand où, plus inévitablement encore, Louis XIV
écrase son concurrent de toute sa grandeur.

Nous venons de voir que Rose était l'ami de
Racine et de Boileau. Il faut toutefois remarquer

que les trois amis s'égayaient quelquefois, du
reste fort innocemment, sur le compte les uns des
autres. Racine se moque de la parcimonie de
Rose, voire même de son idolâtrie pour le Roi;
Boileau [1], d'autre part, écrit un jour à Racine :
« Faites bien des compliments, pour moi, à
M. Rose ; les gens de son tempérament sont de
fort dangereux ennemis, mais il n'y a point aussi
de si chauds amis, et je sais qu'il a de l'amitié
pour moi. »

Ce qui avait aigri Racine et Boileau contre
leur ami, c'est qu'il leur avait toujours refusé,
bien qu'ils eussent été nommés historiographes
officiels du Roi, de leur communiquer les parti-
cularités curieuses qu'il avait été, par sa position
à la cour, à même de recueillir et que les deux
poètes désiraient faire entrer dans leur histoire
de Louis XIV. Un jour, d'après Choisy, Rose,
après lui avoir raconté quelques détails sur
la mort de Mazarin, ajouta : « M. Racine vou-
drait bien être ici, il m'a mis plusieurs fois sur les
voies ; mais je ne lui, ai jamais rien voulu dire.
J'ai bien affaire qu'il m'aille citer à tort et à tra-
vers. »

1. Lettre écrite de Bourbon, le 28 août 1687.

Cette anecdote paraît assez invraisemblable, comme du reste beaucoup de celles que raconte Choisy ; Rose, pour un homme si discret et si reservé, aurait pris en effet un singulier confident en l'abbé de Choisy.

Molière était aussi de ses amis. Les relations qu'il eut avec Rose sont bien connues, ainsi que l'innocente plaisanterie dont l'illustre comédien fut victime. Quelques jours après la représentation du *Médecin malgré lui*, Rose assistait chez le duc de Montpensier à un dîner où se trouvait Molière. A la fin du repas, on prie ce dernier de dire la chanson à boire de Sganarelle, qui avait eu le plus vif succès. Molière se rend à l'invitation et se met à chanter :

<br>

> Qu'ils sont doux,
> Bouteille jolie,
> Qu'ils sont doux
> Vos petits glouglous !
> Mais mon sort ferait bien des jaloux,
> Si vous étiez toujours remplie.
> Ah ! bouteille, ma mie,
> Pourquoi vous videz-vous ?

Les applaudissements étaient à peine terminés qu'on entend Rose déclarer que la chanson est des plus jolies, mais qu'il n'est pas dupe de la supercherie et qu'il sait fort bien que ce n'est qu'une imitation de l'*Anthologie*. Molière proteste, s'anime et le met au défi de prouver ce qu'il avance. Rose aussitôt se lève et, d'un ton assuré, se met à réciter :

> *Quam dulces*
> *Amphora amœna,*
> *Quam dulces*
> *Sunt tuæ voces !*
> *Dum fundis merum in calices,*
> *Utinam semper esses plena.*
> *Ah! cara mea lagena,*
> *Vacua cur jaces ?*

Molière est atterré ; l'étonnement de l'assemblée est à son comble. On ne savait que penser, quand, au bout d'un moment, Rose va serrer la main de Molière et avoue que la pièce latine est de lui et n'est que la traduction de la chanson de Sganarelle.

Molière fut le premier à rire et répéta souvent, dans la suite, que bien qu'il crût savoir le latin, la facture de la pièce l'avait empêché de penser un instant à sa *contrefaçon*. L'anecdote prouve au moins que Rose avait ce que l'on appelait au xvii⁰ siècle « beaucoup de lettres ». D'Alembert, qui raconte également cette histoire, ajoute :

« La latinité[1] de cette pièce avait assez le goût antique, pour en imposer aux plus fins connaisseurs en ce genre ; Ménage et La Monnoye y eussent été trompés. »

Le bagage littéraire de Rose serait pour la postérité en vérité bien léger, s'il ne comprenait qu'une dizaine de vers latins, un formulaire du cabinet et trois discours académiques ; mais on l'a vu, il y a plus, il y a sa correspondance.

1. A propos de l'authenticité de cette anecdote et de la latinité de cette pièce, on a présenté diverses objections. Quelques auteurs ont trouvé bien invraisemblable l'étonnement de Molière, qui aurait dû bien facilement deviner la supercherie. D'autres ont fait observer, ce qui, du reste, ne signifie rien, que la cadence n'est pas la même et « qu'entre les accents des mots latins et ceux des notes, presque toute correspondance était rompue ». Ce que l'on peut et doit admettre, c'est qu'en passant de bouche en bouche, l'histoire a dû être quelque peu arrangée. On a prétendu également trouver la source commune du refrain des deux chansons dans un couplet qui se trouve à la scène II de l'acte II de *la Veuve* de Larivey, tragédie datant de 1579 :

> Ma bouteille, si la saveur
> De ce vin répond à l'odeur,
> Je prie Dieu et sainte Hélène
> Qu'ils te maintiennent toujours pleine.

La musique de la chanson, que l'on possède encore, a, dit-on, été composée par Lulli.

Malheureusement, des lettres qu'il a écrites à Mazarin ou au nom du cardinal, correspondance que le savant Ménage, difficile pourtant, qualifie d' « admirablement belle », il reste à peine quelques lettres, et la difficulté de distinguer dans la correspondance de Louis XIV les lettres autographes de celles du secrétaire empêche, ainsi qu'on l'a vu, de pouvoir juger l'œuvre de Rose.

Toutefois, il est certain que sa part dans l'œuvre commune est considérable. Sans revenir sur ce qui a été dit au chapitre précédent, c'est le cas de citer ici le jugement qu'a porté sur Rose, à ce sujet, un juge aussi difficile que compétent en cette matière, Saint-Simon : « Il n'est pas possible, dit-il, de faire parler un si grand Roy avec plus de dignité que faisait Rose, ni plus convenablement à chacun ni sur chaque matière. »

Rappelons également le passage où La Bruyère, dans son discours de réception à l'Académie, énumérant toutes les illustrations de cette assemblée, remarque « cet homme habile, plein d'esprit et d'expérience, qui, par le privilège de sa charge, fait parler le prince avec dignité et justesse ».

Voici la véritable raison pour laquelle Rose pouvait être fier de son titre d'académicien, car il

n'était pas seulement le résultat de la faveur ou
de la reconnaissance, il était l'expression de la
gratitude que ses contemporains lui avaient et
de la considération qu'ils lui portaient pour avoir
passé sa vie, en quelque sorte, à dédoubler
Louis XIV et avoir su pendant quarante ans, sans
une défaillance, remplacer le Roi dans un travail
aussi délicat et aussi écrasant que celui de sa
correspondance.

Seul, Pontchartrain, qui n'était évidemment
pas de ses amis, jette une note discordante dans
ce concert d'éloges. On trouve dans une de ses
lettres [1] le passage suivant : « J'espère vous faire
entendre un discours plus éloquent et plus beau
que celui du vieux président Rose, ce n'est pas
beaucoup dire. »

Pour être véridique, il faut reconnaître également
ment qu'après sa mort, Rose tomba vite dans
l'oubli. L. de Sacy écourte vraiment beaucoup
son éloge ; d'Alembert [2] s'excuse presque de parler d'un académicien dont il reste si peu de sou-
venirs « dans nos registres et dans la mémoire de
nos contemporains ». Il ne voit dans la vie de

1. Lettre adressée à Arnaudot, le 23 juillet 1685.
2. Éloge prononcé devant l'Académie le 25 août 1778.

Rose que « quelques anecdotes qui pourront inté-
resser ». L'abbé d'Olivet ne fit point sa biographie
dans son histoire de l'Académie. Il est vrai que
Rose est mort quelques jours après la fin de l'année 1700, limite à laquelle s'arrête son ouvrage;
mais il laissa, dit-on, entendre que la difficulté
d'une biographie aussi effacée que celle de Rose
ne l'a point engagé à faire une exception qui,
pour un autre, aurait pu paraître naturelle.

Pour finir le chapitre de l'œuvre de Rose, il
faut mentionner qu'on lui a parfois attribué également une prétendue lettre écrite par Louis XIV
au docteur Arnauld en 1678, dans le temps où le
Roi faisait le siège d'Ypres.

La lettre, d'un esprit assez facile, datée du
18 mars 1678, n'est qu'un long persiflage où l'on
faisait parler le Roi sur le siège d'Ypres [1] dans le
style théologique de Jansénius, plaisanterie peu
dans le ton de Rose qui était plutôt mordant que
bel esprit.

Les jésuites s'emparèrent de cette lettre, la
répandirent autant qu'ils le purent et préten-

---

1. Ypres était la ville dont Jansénius avait été évêque.
Il faut observer qu'une copie de cette lettre (Bibl. nat.,
fonds français, Mélanges théologiques, II, 133.43) est
signée Pomponne, peut-être par ironie.

dirent qu'elle était supérieure aux *Provinciales.*
Ils furent, du reste, les seuls à le croire.

En voici un échantillon : « Monsieur Arnauld,
j'ai cinq propositions à faire à MM. d'Ypres : la
première, que je suis venu en Flandre pour faire
du bien à tout le monde; la seconde, que le commandement que je leur fais de rendre la ville n'est
pas impossible; la troisième, que j'ai avec moi les
secours plus que suffisants pour vous faire obéir
à mes ordres, etc., etc. » La lettre se terminait
ainsi : « Il s'agit donc, monsieur, de leur faire
signer ces cinq propositions qui renferment tout
le *traité de la grâce* que j'ai à leur faire. — Ceux
qui voudront s'ennuyer plus longtemps trouveront le reste dans le *Dictionnaire* de Bayle au
mot YPRES. »

# CHAPITRE V



### LES DERNIÈRES ANNÉES DE ROSE

Plus le Roi vieillissait, plus il sentait le besoin d'avoir auprès de lui des hommes de confiance, et plus il se rendait compte des services inappréciables que lui rendait tous les jours son secrétaire. Aussi, à la fin de l'année 1684, lui donnat-il comme marque de sa satisfaction l'office de conseiller président en la Chambre des comptes de Paris [1]. « Ayant ledit Toussaint Rose rendu de

1. Une charge de président était alors estimée près de trois cent mille livres. — Rose remplaça le président Louis Bétault.

grands services au Roy pour ses ordres, tant en l'exercice et fonctions de sa charge de secrétaire ordinaire de sa chambre et de son cabinet qu'en autres emplois pendant le cours de quarante ans. »

Cette nomination fut enregistrée immédiatement [1], sur la présentation par Rose de la quittance des droits de sa nomination et de celle du marc d'or, malgré les observations des officiers de la Chambre des comptes qui firent remarquer au Roi « qu'ils avaient le droit de jouir des épices des officiers qui n'étaient point reçus ou absents, et que, de plus, son secrétaire ne pouvait être nommé d'emblée président, ne comptant aucun service dans un office de cour suprême. Sa Majesté leur répondit qu'il était bien informé du droit de la Chambre et qu'il savait qu'il avait fait une chose extraordinaire, mais que, comme il avait donné ses ordres, il souhaitait qu'ils fussent exécutés [2] » La cour s'inclina et Rose fut reçu président le 11 décembre de la même année.

A partir de cette époque, Rose, qui avec l'âge

1. Le 25 octobre 1684.
2. *Histoire de la maison de Nicolaï*, t. II. Pièces relatives à la Chambre des comptes, mises en ordre par M. de Boislisle.

était déjà devenu pour la cour « le bonhomme
Rose », devint « le vieux président Rose ».

Il vieillissait, mais l'âge ne l'atteignait pas.
Jusque dans une extrême vieillesse « il fit briller
tout l'éclat d'un feu dont les autres à cet âge
laissent au plus entrevoir quelques étincelles [1] ».
Rappelons également ce que dit Saint-Simon de
ce bonhomme « ni gras ni maigre [2], avec un assez
beau visage, une physionomie fine, des yeux per-
çants et pétillants d'esprit, avec sa culotte de satin,
ses cheveux verts, son rabat presque d'abbé, son
petit manteau et toujours son mouchoir entre son

1. D'Alembert.

2. Il existe plusieurs portraits gravés de T. Rose.

Un premier, de format in-folio, gravé par René Lochon,
porte cette inscription : *Tussanus Rose D. de Coye regi
a consiliis et intimis epistolis* — *R. Lochon ad vixum
faciebat;* publié par P. Mariette.

Un second, qui ne diffère du précédent que par le cos-
tume qui se trouve *modernisé* et une nouvelle légende
ainsi rédigée : « Messire Toussaint Rose, chevalier, marquis de Coye, secrétaire du Cabinet et président en
la Chambre des comptes. » La tête et l'encadrement,
sauf les armes, n'ont pas été modifiés, la date non plus,
bien que les changements soient forcément postérieurs
à 1684.

Un troisième portrait aurait, dit-on, été gravé par
Landry en 1665.

S. Scribelin avait peint son portrait.

habit déboutonné et sa veste[1], à quatre-vingt-huit ans[2] sans incommodité quelconque, conservant jusqu'à la fin une mémoire nette et admirable ».

Ses mots faisaient fortune, il était un répertoire vivant de toute l'ancienne cour dont il avait été de quantité de choses importantes.

Il ne craignait personne ; on a déjà vu que, malgré une première vengeance, il avait « gardé une dent » contre M. le prince de Condé, à propos d'une question de renards. Rose se sentait vieillir et il n'aurait pas voulu pour toute sa fortune mourir sans être complètement vengé. Voilà, suivant Saint-Simon qui en fut témoin, la façon dont il déchargea sa bile un an avant sa mort : « Tandis que le Roy était à la messe, les jours de conseil, les ministres venaient dans la chambre de Rose attendre que le Roy fût rentré par la galerie dans ses cabinets et qu'on les appelât pour le conseil ; cela était commode aux principaux courtisans qui attendaient là ceux à qui ils avaient à faire et avec qui ils étaient assez libres, pour leur parler là au lieu d'aller chez eux. Rose remarqua que M. le

1. Il disait qu'ainsi son mouchoir était plus près de son nez.
2. En réalité, à quatre-vingt-six ans.

Prince s'y rendit assidûment cinq ou six fois de
suite et prenait tous les ministres tantôt l'un, tantôt l'autre et les courtisait fort. A la fin, il ne put
se tenir et regardant M. le Prince en-dessous :
« Monseigneur, lui dit-il tout haut avec cette fami-
« liarité qu'il a toujours usurpée et ces mines plai-
« santes et brillantes d'esprit, il y a longtemps que
« je vous connais. Je vous vois bien rôder par ici,
« parler à tous ces messieurs, caresser l'un, prendre
« la main à l'autre ; n'est-ce pas que vous prétendez
« à être premier prince du sang? » Il s'enfuit aussitôt avec une pirouette, riant et regardant der-
rière lui. Le sarcasme fut tel que M. le Prince, avec
toute sa présence d'esprit, demeura confondu sans
dire une parole et toute l'assistance de rire dans
ses barbes en baissant les yeux. »

La terre de Coye [1], cause de cette hostilité in-

---

1. Coye, sur la Luze ; diocèse, intendance et généra-
lité de Paris (Oise, canton de Creil), paroisse alors de
soixante-neuf feux, actuellement de 1,050 habitants, est
situé entre Luzarches et Chantilly.

Coye était une haute, basse et moyenne justice ; Rose
obtint du Roi la permission d'y établir un prévôt, au
lieu d'un bailli pour y rendre la justice et institua dans
la paroisse une foire annuelle, le 16 août.

Aucun document ne donne la superficie du domaine de
Coye ; toutefois, on sait qu'à la fin du xviie siècle, les

cessante [1], appartenait à Rose depuis le 24 mai 1655, époque où il l'avait achetée au seigneur de Grüel, marquis de la Frette, moyennant le prix de quatre-vingt-dix mille livres. Dans la suite, il avait agrandi considérablement cette propriété, d'abord en achetant au commencement de l'année 1658 le fief de la Barre à messire Louis de Thurin, ensuite en acquérant des religieux de l'abbaye de Royaumont les terres de la loge de Viarme, enfin en se

terres de culture se louaient à raison d'une rente annuelle de huit mille livres.

Les terres de la Chapelle-en-Serval et d'Orry en étaient mouvantes.

Longtemps la prévôté de Paris prétendit avoir des droits sur la terre de Coye, mais Louis XIV décida qu'à l'avenir elle ne relèverait plus que du château du Louvre et, le 11 juillet 1681, Rose racheta, moyennant une somme de onze cents livres et le payement d'une rente perpétuelle de dix sols, tous les droits fiscaux que pouvait avoir sur sa seigneurie le trésor royal, « à la charge pour lui et ses héritiers de tenir à perpétuité Coye en fief de Sa Majesté pour lui rendre foi et hommage. »

Voir la note, page 113.

1. Cet antagonisme n'avait pas toujours existé ; durant les quinze premières années de leur voisinage, ils conclurent à l'amiable de nombreux échanges de terrains. De plus, on voit assez souvent le prince de Condé céder à Rose, contre le droit de chasse dans tel de ses bois, les droits de gruerie, de gruage, glandée. etc., dans les siens.

rendant possesseur de la terre de Malespargnes
et d'un grand nombre de propriétés enclavées dans
ses terres.

Coye gênait beaucoup les chasses de Chantilly.
Jusqu'à la mort de Rose, le prince de Condé lui
fit pour ses terres des offres avantageuses ; mais,
dit Saint-Simon, « les offres, les niches, les tyran-
nies de son voisin, tout blanchit et Rose, toujours
en parade, tenait bon. »

Gourville, dans ses mémoires, raconte le même
fait sous un jour un peu différent ; il faut toutefois
remarquer que Rose n'avait absolument rien fait
pour être un ami de l'auteur.

« Cette méchante volonté de M. Roze contre
moi[1] venait de ce que M. le Prince voulait faire
des ventes dans les forêts de Chantilly et étant
nécessaire de traverser un petit bois situé au bout
de la forêt, lequel appartenait à M. Roze et faisait
partie de sa terre de Coye, je fus chargé de l'en-
gager à vendre à M. le Prince l'espace que tien-
drait cette route dans ses bois et de lui payer deux
fois plus qu'elle ne serait estimée. Il me pria de
me servir de l'envie que M. le Prince avait de

1. Rose avait dit pis que pendre de Gourville ; pendant
son absence, il l'avait présenté sous un jour peu favorable à Colbert, à Lionne et à Louvois.

s'agrandir de ce bois pour lui faire acheter sa terre, qui du reste était encore à sa bienséance, disait-il ; mais il la voulait vendre deux fois plus qu'elle ne lui avait coûté, disant que Son Altesse ne pouvait trop l'acheter, tant elle lui convenait et était nécessaire.

« M. le Prince, voulant faire sa route et ne pas acheter sa terre si chère, me permit de lui proposer trois fois la valeur de la terre qu'on emploierait pour la route, ou le double de ce que valait son petit bois après l'avoir fait estimer ; mais comme tout cela ne venait pas à la fin qu'il s'était proposé, il refusa toutes les offres en disant qu'il savait bien le respect qu'il devait à M. le Prince, mais qu'en France chacun était maître de son bien pour en disposer à sa fantaisie.

« M. le Prince se contenta de faire suivre sa route jusqu'aux deux bouts du bois de M. Roze, dont il fut au désespoir. Il parla même de M. le Prince beaucoup plus librement qu'il n'aurait dû ; cela fit un démêlé qui a duré plus de trente ans [1]

1. M. de Lionne voulut souvent raccommoder Rose et Gourville, mais, dit ce dernier : « Il ne fut pas possible de le mettre à la raison, nous en demeurâmes là ; néanmoins, nous nous sommes toujours parlé et souvent même d'accommodement, sans avoir pu jamais en venir à bout. »

et, enfin, jusqu'à sa mort, qui donna occasion à
M. le Prince d'acheter cette terre de ses héritiers, de gré à gré, pour sa juste valeur. Pendant un assez long temps, cela donna lieu à des
plaisanteries sur le compte de M. Roze, qui le
fâchaient fort. Un jour, que les gardes de M. le
Prince avaient pris à un homme de M. Roze des
faisans qu'il lui apportait de sa terre, ce qui arrivait assez souvent, M. de Louvois, l'ayant su, lui
dit à la première vue : — Monsieur Roze, est-il
vrai que le convoi de Coye a été battu? Celui-ci se
mit dans une grande colère et se plaignit fort du
peu de justice que le Roy lui faisait sur tout ce
qui se passait entre M. le Prince et lui. Il avait
tourné toute sa fureur contre moi et n'avait pas
mal pris son temps pour se venger. »

C'est dans cette terre de Coye qu'il venait se
reposer quand le service du roi lui laissait quelques
loisirs ; là, au moins, il vivait en paix, loin des fa-
tigues de la cour, de ses nombreuses occupations
et de la pluie de placets qu'il recevait sans cesse [1].

---

1. Il existe à ce sujet un curieux échantillon de sup-
plique et de demande en justice que lui adressait le sieur
Gédéon Rabaut, au sujet d'une prétendue captation de
testament et de substitution d'enfant. (Bibl. nat., fonds
français, mss. 20797. page 355 *bis*.)

A partir du moment où il eut cette propriété, il abandonna quelque peu sa ville natale où dès lors il ne fit que des apparitions de plus en plus rares; toutefois, il n'oublia jamais Provins, continua à s'occuper de ses affaires et bien souvent intercéda en sa faveur auprès du Roi.

En 1668, par suite de diverses circonstances, le collège de Provins se trouvait être vacant. Les jésuites, appuyés par Rose, demandaient à l'occuper et ils allaient l'obtenir quand le sieur Massin et quelques bourgeois de la ville s'y opposèrent, prétextant qu'on faisait aux jésuites des conditions trop avantageuses, « puisqu'en dehors de diverses terres qu'on leur donnait, on leur promettait encore une rente de cinq cents livres. » En réalité, ils n'agissaient qu'à l'instigation de l'archevêque de Sens qui, quelque temps après, voyant que les jésuites allaient néanmoins l'emporter, lança un mandement de la dernière violence, auquel il interdisait aux Provinois, sous peine d'excommunication, de recevoir aucun jésuite dans leur ville. Rose, furieux, bouda quelque temps sa ville natale, et, quand l'archevêque voulut faire entrer dans le collège des pères barnabites, il fit mettre à son tour, par le Roi, un veto à leur entrée. Rose et l'archevêque s'obsti-

nèrent, ce qui fit que le collège demeura fort
longtemps vacant.

Peu de temps après, il conserva à Provins, par
son intervention, les revenus de la maladrerie
de Croslebarbe, que lui disputait le sieur Dutillet,
comte de Saint-Mathieu.

Une autre fois, au grand profit des Provinois,
il sut faire revenir Louis XIV sur une de ses
déterminations ; voici en quelles circonstances :

La tour carrée de l'église Saint-Quiriace de Provins, placée au milieu du cloître, s'était à moitié
écroulée. Les cloches étaient bien restées suspen-
dues, mais on n'osait plus les faire sonner. Le chapitre demanda alors au gouvernement la cession
de la « Tour-le-Roy », et le doyen, accompagné
de deux chanoines, vint en personne adresser cette
requête à Louis XIV, mais ce fut en vain ; le Roi
refusa « tout net ». On suspendit alors comme on
put à la tour deux petites cloches que prêta le
chapelain de Saint-Blaise, mais elles ne faisaient
point le matin assez de bruit pour réveiller les
chanoines, et le sonneur, Jacobé Frélon, fut forcé,
pour un temps, d'aller réveiller, la crécelle à la
main, chaque chanoine à domicile.

Ce système présenta tant de difficulté que le
chapitre décida que les matines seraient dites,

jusqu'à nouvel ordre, à six heures du soir. Le procédé était au moins singulier. Rose se décida à intervenir et présenta lui-même le doyen, Charles Frélon, son parent, à Louis XIV, et cette fois, après avoir envoyé l'intendant de Paris et deux trésoriers sur les lieux, accorda, le 16 février 1693, la grâce sollicitée.

En même temps, la municipalité prêta la cloche de la ville pour mettre dans cette tour, à charge pour le sonneur de faire toutes les sonneries municipales. Elle y est encore aujourd'hui.

Il intercéda encore près du Roi pour conserver la noblesse à la famille Nivert. Enfin, en un mot, il est près de Louis XIV l'intermédiaire attitré des Provinois, comme il était celui de l'Académie.

Provins, aussi, garda longtemps sa mémoire, comme celle d'un enfant illustre et d'un bon compatriote.

Louis XIV avait comblé Rose de bienfaits [1] et pourtant il ne se croyait pas encore quitte envers lui; il érigea, au mois de janvier 1697, la terre et seigneurie de Coye « en titre ès dignité de marquisat, tant en sa faveur qu'en celle de ses hoirs,

---

1. Le Roi fit de très nombreux dons à Rose ; ainsi, en 1686, lui donna-t-il quatre mille livres.

successeurs et ayants cause, tant mâles que
femelles [1] ». Rose fut très touché de cette distinc-
tion et s'attacha encore davantage à Coye, où il
passait tout le temps qu'il pouvait dérober à ses
charges. Coye était sa passion; avare à Paris,
pour embellir sa demeure il devenait presque pro-
digue, ce que lui permettait du reste une grande
fortune administrée avec une sage économie.

Quelques années auparavant, le 22 mars 1682,
il avait marié à Paris [2] son fils Louis [3], conseiller
au Parlement de Metz depuis 1673 [4], conseiller

1. Arrêt d'enregistrement de la cour du Parlement de
Paris du 22 février 1697. Sentence d'enregistrement
rendue par le lieutenant civil à Paris, le 30 avril 1697.

2. Dans l'église Saint-Nicolas-du-Chardonnet.

3. Louis Rose fut chargé par le Roi de diverses missions.
Voici ce que dit l'abbé de Choisy à propos de la naissance
du Dauphin : « On remarqua, comme une chose assez
singulière, que le Roy eût fait honneur au duc Mazarin,
son sujet, de lui envoyer à Brisach, où il était avec sa
femme, le fils de Rose, secrétaire du cabinet, à qui le
duc donna audience avec la même pompe qu'eût pu faire
un souverain. Le jeune Rose lui dit, de la part du Roy,
que Sa Majesté lui faisait part de la bénédiction que Dieu
avait répandue sur son mariage et qu'elle lui ouvrait son
cœur avec d'autant plus de joie qu'il était l'héritier et
portait le nom de ce grand homme qui avait fait le bonheur de la France par la paix des Pyrénées. »

4. Cette charge fut payée treize mille deux cents livres.

ordinaire du Roi en ses conseils, secrétaire en survivance du cabinet et de la chambre de Sa Majesté avec Louise de Bailleul, « fille de messire Louis de Bailleul, chevalier, conseiller du roi en ses conseils et président à mortier en sa cour du Parlement et de deffunte haute et puissante dame Marie Le Ragois de Bretonvilliers. »

Ce mariage se termina tristement : au bout de six ans, le 26 mars 1688, Louis Rose mourait [1], laissant deux enfants en bas-âge, un fils et une fille ; et, trois ans plus tard, en mars 1691, sa veuve se remariait [2] à Jean Aubery, marquis de Vatan.

Les orphelins se trouvèrent ainsi confiés aux soins de leurs grands-parents. Le fils, Louis, né le 14 octobre 1684, dès qu'il eut seize ans, peu soucieux de suivre l'exemple de ses parents, embrassa la carrière militaire. Protégé par Louis XIV, qui s'intéressait à son filleul [3], il fait un stage à la

---

1. L. Rose fut enterré à Saint-Nicolas-des-Champs.

2. Louise de Bailleul avait un caractère exécrable. Après la mort de son mari, elle engagea contre ses beaux-parents des procès de succession interminables, malgré les défenses de Louis XIV, l'intervention, comme arbitre, de Mgr de Harlay et les nombreux déboutés qu'elle reçut du Parlement.

3. Louis XIV était son parrain et la duchesse d'Orléans sa marraine.

première compagnie des mousquetaires du roi,
passe comme officier aux gardes françaises, et, à
vingt et un ans, achète[1] le régiment de Montereau. Cette carrière, qui promettait d'être fort
brillante, devait se terminer, la même année[2], au
siège de Turin, où il fut tué d'un coup de mous-
quet à la tête, au moment où, par bravade et sans
être de service, monté sur un cheval blanc, il ga-
lopait sur le revers de la tranchée.

Sa sœur, Madeleine[3], fut mariée, un peu malgré elle, le 25 septembre 1699, à Antoine Portail[4], avocat général, qui devait devenir plus
tard premier président du Parlement de Paris.
Malgré les titres et la noblesse parlementaire de
son mari, elle se trouvait mal mariée pour sa fortune, qui devait être très considérable[5], et aurait

1. 20 février 1706. Le prix en fut de 66,000 livres.
2. 28 août 1706.
3. Elle était née le 28 avril 1682.
4. Antoine Portail fut aussi de l'Académie, il remplaça
l'abbé de Choisy en 1724 et eut pour successeur, en 1736,
Nivelle de la Chaussée.
5. Sa dot était de cent cinquante mille livres en deniers
comptant et deux cent cinquante mille livres en nues propriétés, le tout à la charge seulement de payer à sa mère
une pension viagère de deux mille livres. Elle avait cou-
tume de dire qu'au lieu d'être entrée dans quelque bonne
maison elle était restée au *Portail*.

mieux aimé un homme d'épée. Jeune, très jolie,
fort étourdie et dépensière, elle faisait enrager
son mari et tous les Portail, autant qu'il était
en son pouvoir. A chaque frasque, le mari venait
se plaindre à Rose; mais le grand-père avait aussi
mauvais caractère et, de plus, aimait beaucoup sa
petite-fille. Furieux de ces plaintes continuelles, un
jour, complètement exaspéré, il feint de se mettre
dans une colère épouvantable, dit à Portail et à
son père, « vieux conseiller de grand'chambre, »
tout étonné de le voir une fois de leur avis, que
sa petite-fille était véritablement « une coquine,
une impertinente et une sotte dont on ne pouvait
venir à bout »; puis il ajoute d'un air terrible, à
la grande hilarité des personnes présentes, que, si
on lui reparlait encore une fois de sa petite-fille, il
la déshériterait complètement. Plus jamais il n'entendit une plainte sur son compte. L'histoire devint
célèbre à Paris, et bien des personnes encore
actuellement ne connaissent le nom de Rose que
par cette anecdote.

Rose, cependant, marchait toujours, malgré ses
quatre-vingt-six ans, toujours vert et alerte. Rien
ne semblait devoir l'arrêter de sitôt quand, un soir,
brusquement, en revenant de Marly, il s'alita
pour ne plus se relever; après quelques jours de

maladie, il mourait, le 6 janvier 1701 au matin, en son hôtel de la rue des Bourdonnais [1]. Il fut enterré dans l'église Saint-Germain-l'Auxerrois.

Jusqu'à la dernière heure, il avait conservé son esprit malicieux et sceptique ; il refusa de voir aucun médecin et dit à sa femme, devant un prêtre qui le pressait de ses exhortations : « Ma chère amie, si ces messieurs, quand ils m'auront enterré, vous offrent des messes pour me tirer plus vite du purgatoire, épargnez-vous cette dépense-là, je prendrai patience. »

Tous ses envieux, et ils étaient nombreux, firent mine de crier au scandale ; les uns y virent

1. Cet hôtel, connu quelquefois sous le nom de l'*hôtel à la couronne d'or*, plus généralement sous celui de l'*hôtel de Fleury*, avait été acheté par Rose le 27 mars 1668 à messire Charles Fleuriot, seigneur d'Armenonville, chevalier-secrétaire du Roi, pour le prix de cent quinze mille livres.

L'habitation, qui occupait rue des Bourdonnais la place du numéro 31 actuel, se composait « de deux corps de logis tant en face et ailes sur la rue de la Bourdonnais que sur la rue Tirechappe ». Elle dépendait du magnifique hôtel de la Trémouille dont on peut voir encore une tourelle transportée à l'École des beaux-arts et qui avait été, dit-on, la demeure de Philippe le Bel et de Charles d'Orléans. C'était à Paris une des rares seigneuries qui donnait droit de justice et de censive.

la parole d'un impie, les autres d'un avare ; la
vérité est que ce n'était que le dernier souffle
d'un homme qui avait trop vu de choses pour ne
pas être un peu sceptique, et dont l'esprit mordant
ne pouvait, sur son lit de mort, s'empêcher de
faire ce que l'on appellerait aujourd'hui *une plaisanterie macabre*.

On fit, à cette occasion, courir ce quatrain
dans Paris :

> Ci-gist le vieux président Rose,
> Secrétaire du cabinet,
> Qui fut en mourant si secret,
> Que sur ses péchés même il eut la bouche close.

Le Roi apprit à Marly sa mort le soir même, et
s'en montra fort affecté. Quant à Provins, ce fut
presque un deuil public ; le 19 janvier, on célébra
en grande pompe, à Saint-Quiriace, un service
solennel en son honneur [1], et, au quatrain peu
respectueux des Parisiens, les Provinois firent en

1. On mit dans une verrière de la chapelle Saint-Michel
de l'église Sainte-Croix de Provins (aujourd'hui disparue)
les armes de la famille Rose accompagnées de trois soleils :
un grand et deux petits (Louis XIV, Étienne et Toussaint
Rose), avec cette devise quelque peu ambitieuse : *Tri-
plici sole viresco*.

réponse cette pièce que l'on trouve citée dans un
manuscrit de l'abbé Pasques :

> Rose, le secrétaire et l'ami de son Roy,
>     De son pays fut l'honneur et la gloire ;
> D'obliger sa patrie il se fit une loy,
> Sa patrie en retour doit chérir sa mémoire.
> De Jules Mazarin il aida les projets,
> Du plus grand des héros il eut la confiance ;
>     Jamais Provins, dans ses meilleurs sujets,
> N'admira tant d'esprit, de vertu, de science.

Du reste, ses concitoyens n'avaient point
attendu sa mort pour célébrer ses louanges.
Dès 1654, un médecin provinois, Pierre Le Givre,
termine un ouvrage sur l'*Anatomie des eaux de
Provins*, par un dithyrambe hyperbolique en faveur
de Rose.

En voici quelques curieux fragments :

« Pour moi, si je désire que ce mien écrit soit
vu de beaucoup de personnes et qu'il puisse voguer
longtemps, ce n'est que pour publier les grandes
obligations que nous avons à MM. les Rose père
et fils. . . . . . . . . . . . . . . . .

« Il me semble que Toussaint nous est un astre
bénin, attaché à la cour, comme à son ciel, qui
ne nous envoye que de bonnes et salutaires
influences, et que, par sa vertu, il dissipe et écarte

les nuages et les foudres qui se préparent pour
tomber sur nos têtes.  .   .   .   .   .   .   .   .

« La terre de Provins a cela de particulier,
qu'elle produit les meilleures roses de l'univers ;
il faut pourtant confesser qu'il n'en est point
encore sorti de son sein de si odorante, si vive
et si florissante que ces messieurs, qui en pro-
duisent d'autres très belles et très agréables qui
nous promettent d'égaler ou peut-être de sur-
passer leurs ayeux en gloire et en mérite..... »

La charge de secrétaire du cabinet revenait à
son petit-fils ; mais, peu soucieux de quitter la
carrière des armes, Louis Rose vendit la charge au
président Duret [1]. Guillaume-Robert de Septeuil
remplaça Toussaint Rose à la Cour des comptes.

Quand on fit l'inventaire de sa fortune, elle
dépassa toutes les prévisions, bien qu'on le sût
extrêmement riche [2] : par son testament ; il laissait

1. A la mort de T. Rose, ce fut François de Callières
qui *tint la plume*.

Callières, de l'Académie française, avait acheté en 1694
aux héritiers de Bergeret sa charge de secrétaire.

2. Il n'est peut-être pas sans intérêt de rechercher les
origines de cette fortune considérable.

Au moment de son mariage, le montant de ses biens
et de ceux de sa femme ne s'élevait guère qu'à douze

plus de quatre cent mille écus à sa femme et autant
à ses petits-enfants.

mille livres. Mais Rose était un administrateur de premier ordre. Jusque dans ses dernières années, malgré
son âge avancé, il administrait seul son immense fortune.
Sans cesse il augmentait la valeur de ses propriétés en
les arrondissant, en achetant les moindres parcelles
enclavées dans ses terres, en les dégrevant de servitudes
ou en rachetant les rentes dont elles étaient grevées.
Pour sa seule propriété de Suresnes il ne fit pas moins
de soixante-quinze actes d'achat, de vente ou d'échange
de terrains, et avec sa finesse et son sens des affaires il
savait tirer profit de chacune de ces opérations.

Puis, Rose savait cumuler les charges productives et
se souciait assez peu de l'ordonnance de 1669 contre le
cumul. Le Parlement ou la Chambre des comptes lui
faisait-il quelques difficultés pour enregistrer une nouvelle charge, ou un procès contre le fisc menaçait-il de
tourner à son désavantage, vite un ordre de Louis XIV
venait toujours lui donner raison.

Ses appointements de secrétaire n'étaient pas très considérables; mais à chaque instant le roi lui donnait d'importantes gratifications. Ainsi, pour la seule année 1686,
il reçut de Louis XIV en plusieurs fois douze mille livres.
En 1688, à l'occasion de la mort de son fils, secrétaire du
cabinet en survivance, le roi lui accorda, sur le prix de
sa charge qu'il avait payée seulement cent six mille livres,
un brevet de retenue * de deux cent vingt mille livres.

A plusieurs reprises, Louis XIV lui constitua aussi des

* Un brevet de retenue était un brevet par lequel le roi assurait
au titulaire, héritiers ou créanciers du possesseur d'une charge, une
certaine somme sur le prix de la charge payée par son successeur.

Quelques mois après, le prince de Condé arrivait enfin à réaliser ce qu'il avait si longtemps souhaité inutilement : le 19 avril, il achetait à

rentes viagères, notamment le 19 juin 1656 où Rose reçut « une rente de quinze cents livres sur les gouvernements d'Artois et de la Bassée à prendre sa vie durant sur les revenus des propriétés acquises et confisquées par Sa Majesté dans les pays ennemis et en conséquence de la déclaration de la guerre avec l'Espagne ».

Enfin, Rose ne dédaignait pas de prêter de l'argent aux grands seigneurs de la cour, et par sa position savait se faire rembourser le capital et les intérêts.

Ainsi Balthazar Phelipot lui avait constitué une rente de deux mille livres contre un prêt de quarante mille livres.

Il avait des rentes constituées sur plus de quarante personnes. Il prêtait aux membres de sa famille, aux marchands échevins de la ville de Paris (avec une garantie du payement de sa rente sur les revenus des aides et gabelles), voire même à la Cour des comptes. Le taux de l'intérêt était en raison de la solvabilité ou de la position à la cour du débiteur. Au duc de Saint-Aignan il prête au denier vingt-quatre et au comte de Montbron et à Jacques du Deffand, simples lieutenants aux mousquetaires, il ne prête qu'au denier dix-huit.

Toutes ces opérations augmentaient considérablement son revenu ; aussi dans l'inventaire que l'on dressa après sa mort, voit-on la preuve qu'il menait grand train.

Il avait dix laquais en livrée, huit chevaux, trois carrosses, etc.; son argenterie est évaluée dix-huit mille livres, ses tapisseries six mille, le mobilier de sa chambre à coucher à Paris deux mille livres, et les diamants de Madeleine de Villiers trois mille livres.

Madeleine de Villiers la part qui lui revenait sur la propriété de Coye, et, le 4 mai suivant, l'autre moitié[1] qui appartenait conjointement à Madeleine Portail et à son frère. Ainsi se trouvait complété ce magnifique domaine de Chantilly, qui, avant la Révolution et les mutilations qu'il a subies, était *la plus belle terre* du royaume[2].

Sa veuve vendit également son hôtel de la rue des Bourdonnais. Après avoir habité quelques mois rue des Grands-Augustins, sentant sa fin prochaine, elle alla demeurer chez sa petite-fille, où elle s'éteignit, le lundi 27 juin 1701, à l'âge de quatre-vingt-un ans et cinq mois.

Son corps fut, selon ses désirs, transporté de l'église Saint-André-des-Arts en celle de Saint-Germain-l'Auxerrois, « son ancienne paroisse, pour y être inhumé proche du défunt président Rose, son mari. »

1. Chaque moitié fut vendue cent quinze mille livres.

2. Coye ne fait plus maintenant partie du domaine de Chantilly, la terre a été morcelée et le château, dont on voyait encore la trace des fossés il y a quelques années, a été transformé en usine. En effet, il fut concédé en 1787 par le prince de Condé, sous condition expresse de le convertir en fabrique.

Cette concession fut le point de départ de la première impulsion que l'industrie a reçue dans cette commune.

Avant de mourir, Madeleine de Villiers avait pris toutes les précautions possibles pour empêcher ses petits-enfants de dissiper sa fortune.

Son petit-fils, on l'a vu, mourut en 1706. Ainsi se trouva éteinte, en ligne masculine, la descendance de Rose. Sa petite-fille, mariée à Antoine Portail, eut deux fils et une fille : l'aîné, Antoine Portail du Vaudreuil, conseiller au Parlement et commissaire aux requêtes du Palais, mourut sans enfants, en 1723. Le second, Jean-Louis Portail, dans sa jeunesse capitaine au régiment du Roi, ensuite conseiller au Parlement et enfin président à mortier, de son mariage avec Antoinette Aubery de Vatan, laissa une fille qui, en 1755, épousa le marquis de Conflans-Armentières.

Quant à la fille, Louise-Madeleine Portail, elle se maria au mois de novembre 1724, avec Victor-François Riquet, comte de Caraman, maître de camp du régiment de Berry.

# PIÈCES ANNEXES

---

## I



Étienne Rose naquit à Provins en l'année 1591.
Sa mère s'appelait Edmée Languillat ; son père
Toussaint, riche marchand mercier, fut, à plusieurs
reprises, échevin de la ville[1].

1. Toussaint Rose fut enterré avec sa femme dans la
chapelle Saint-Michel de l'église Sainte-Croix de Provins ;
sur leur tombe se trouvait écrit : *Justi perpetui vivunt.*
M. Lhuillier a publié son portrait dans le numéro de
février 1889 de la *Revue de Brie et de Champagne.*
Nicolas Chorier fait également mention d'Étienne Rose
dans son *État politique du Dauphiné.*

Étienne Rose continua le commerce paternel. Ce qui ne l'empêcha, du reste, pas d'occuper fort longtemps les fonctions de *receveur des deniers communaux et patrimoniaux et de l'octroi de la ville*. Il se maria deux fois, d'abord avec Marie Joly, ensuite, le 16 janvier 1613, avec Guillemette Bardin; de sa première union il eut quatre enfants, de sa seconde une fille seulement.

En 1624, il fut échevin de la ville, et vers la fin de sa vie, en 1654, un peu grâce au crédit de son fils, il fut élu maire perpétuel de Provins. Ses concitoyens, du reste, n'eurent pas à se plaindre de son administration, car, suivant Le Givre, « il était tellement porté au bien public, qu'il prodigua sa santé et négligea ses affaires propres pour soulager ses concitoyens. »

C'est à lui que sa ville natale doit son premier établissement thermal. Sa fille Anne fut, dit-on, une des premières à ressentir les bons effets de ces eaux; en 1653, « étant travaillée d'une grande douleur de rate, elle en but et fut complètement guérie. »

Suivant la chronique de Provins, ce fut chez lui que mourut, le 12 octobre 1646, d'une attaque d'apoplexie, Bassompierre, le colonel général des Suisses.

Les lettres d'anoblissement d'Étienne Rose
nous apprennent qu'il avait « soutenu hautement
les intérêts du Roy en tous lieux et en toutes
rencontres, dans la durée des temps les plus dif-
ficiles, hasardé courageusement sa vie en divers
voyages très périlleux, qu'il a faits vers les généraux des armées, où il était besoing d'avoir des
personnes de créance pour les informer de vive
voix des intentions du Roy, n'y aiant nulle sûreté de s'en expliquer par des lettres qui eussent
pu tomber entre les mains des ennemis, et leur
donner connaissance des desseins de l'armée,
servi le Roy et le public très utilement dans les
fonctions de maire perpétuel de la ville de Provins durant plusieurs années et empêché, par sa
vigueur et sage conduite, beaucoup de désordres
entre les habitants et les gens de guerre passant
par ladite ville ».

Après son anoblissement, Étienne Rose,
« maître d'hôtel ordinaire du Roy, » se trouve
parfois qualifié de sieur de Jarrier, de Cormeron
et autres lieux. Il mourut le 26 octobre 1658.

## II

### ACTE DE BAPTÊME DE TOUSSAINT ROSE

Paroisse Saint-Ayoul.

Septembre 1615[1].

Le samedi cinquiesme jour, huit heures du soir, a été baptisé Toussaint, fils d'honorable homme Estienne Rose et de Marie Joly. Le parrain honorable homme M. Jacques Graillet, procureur du Roy en l'élection, et (la marraine) Edmée Torailler, fe. de M. Edm. Baizola, greffier du bailliage de Provins. led. honorable ho⁰ Graillet lui a imposé le nom.

GRAILLET, EDMÉE TORAILLER, MOISSY (prêtre).

1. Cet acte est encore conservé à la mairie de Provins; voir page 7 la note 2.

## III

### ANALYSE
### DES LETTRES PATENTES D'ANOBLISSEMENT
### ACCORDÉES A ÉTIENNE ROSE

(Provenant des papiers de Louis Rose.)

Lettres patentes, en forme de Charte, données à Paris, au mois de may 1655, signées Louis, sur le reply ; par le Roy, contresignées Le Tellier, et scellées du grand sceau de cire verte, sur lacs de soie rouge et verte ; par lesquelles Sa Majesté a anobli son ami et féal Conseiller et Maître d'hôtel ordinaire, le sieur Étienne Roze, ensemble ses enfants postérité et lignée, tant mâles que femelles lors nés et à naître ès loyal mariage, avec décoration du titre de noblesse et gentillesse, qu'ils puissent prendre les qualités d'écuier et de chevalier, parvenir à tous degrés de gendarmerie ou de chancellerie, aquérir et posséder fiefs, seigneureries et héritages, nobles de quelques titre et condition qu'ils soient, et qu'ils jouissent de tous les honneurs, autorités, prérogatives, privilèges, exemptions, franchises, libertés, immunités, rang, séance et autres avantages dont jouissent les autres nobles et gentilshommes du Roy, et comme si ledit sieur Roze était issu de race noble d'ancienneté, avec pouvoir de porter les armoiries timbrées, telles qu'elles sont empreintes aux dites lettres [1], entre autres considérations que ledit sieur Roze avait rendu des services à Sa Majesté, et au public dans la fonction de Maire perpétuel de la ville de Provins, durant plusieurs années, ainsi

1. Voir page 31.

que des services considérables des enfants dudit
sieur Rose, l'aîné desquels le sieur Toussaint
Rose, conseiller ordinaire en ses conseils d'état et
privés et direction de ses finances, lequel en avait
rendu tant sur mer que sur terre depuis seize ans,
ayant été envoyé par Sa Majesté en Broüage et à
La Rochelle, en 1650 pour y faire équiper,
comme il fit une flotte contre les Bordelais, dis-
sipa tous les ombrages que leurs adhérents avaient
commencé de jeter dans l'esprit du comte du
Dognion, lors lieutenant pour le Roy au gouvernement du pays d'Aunis et desdites places, ce qui
leur ayant fait perdre l'espérance, qu'ils avaient
conçue, d'être assisté de ce côté-là, facilita
beaucoup dans la suite la réduction de Bordeaux
à l'obéissance de Sa Majesté, et en 1652 ayant eu
ordre d'aller trouver de la part de Sa Majesté, le
duc de Lorraine, qui était campé, avec son armée,
entre Créteil et Charenton, le fruit de son voyage
fut que ce prince qui avait déjà fait passer la
Seyne à une partie de ses troupes, pour marcher
contre l'armée de Sa Majesté, qui était engagée
devant Étampes, leur fit repasser à l'instant la
rivière, sans leur vouloir permettre aucune course,
n'y aucun autre acte d'hostilité contre les troupes
du Roy. Le second, le sieur Maurice Roze, volon-

taire sur le contre-admiral de l'Armée nouvelle de Sa Majesté au commencement de 1647, sous le commandement de M. le duc de Richelieu, depuis lieutenant sur le vaisseau *le Mazarin*, servant de vice-amiral, à la fin de 1647, où il seconda dignement le sieur du Montade, son capitaine[1], ensuite enseigne sur l'Amiral, en 1648, et enfin ayant eu le commandement d'une compagnie au régiment de Provence, depuis dit de Valois, se jeta en 1650 avec sa compagnie dans Port-Langon en l'isle d'Elbe, lors assiégée par les Espagnols, où il donna en plusieurs rencontres des preuves de son courage et notamment à la déffence d'un travail le plus advancé du dehors de la place, ou estant trouvé commandant avec des hommes détachez dans le temps que les ennemis y donnèrent l'assaut, après une longue résistance, même beaucoup au-delà de ce qu'il était obligé de faire, il reçeu un coup de poignard dans le corps et fut emmené prisonnier dans le camp des ennemis, où il mourut de sa blessure, et le troisième, le sieur Estienne Rose, capitaine entretenu, et commissaire ordinaire de la Marine

1. Notamment dans le golfe de Naples et dans le débarquement des Français à Salerne en 1648.

depuis 1647, lequel travaillait l'hiver, dans le Port, avec soin et application, et s'embarquait toutes les campagnes sur le vaisseau amiral et avait rendu des services considérables.

Lesdites lettres d'anoblissement registrées en la Chambre des Comptes du Roy, notre sire, à Paris, le 27 juin 1655.

# IV

## ACTE DE DÉCÈS DE TOUSSAINT ROSE

Paroisse Saint-Germain-l'Auxerrois.
Du samedy huitième (janvier 1701)[1].
Messire Toussaint Rose, chevalier, marquis de Coye, conseiller ordinaire du Roy en ses conseils, secrétaire du cabinet de Sa Majesté, président en sa Chambre des comptes de Paris, fut inhumé, âgé de quatre-vingt-sept ans ou environ[2], décédé jeudy sixième du présent mois à six heures du soir en son hôtel, rue des Bourdonnais, en présence de Messire Louis Rose, chevalier, marquis de Coye, petit-fils du deffunct et de Messire Antoine Portail, chevalier, conseiller du Roy en ses conseils, advocat général de Sa Majesté en la cours du Parlement de Paris, petit gendre du deffunct et de messire Tous-

---

1. Cet acte a été brûlé en 1871.
2. En réalité, quatre-vingt-cinq ans et quatre mois.

saint Rose, prêtre, docteur en Sorbonne, abbé de Saint-
Pierre de Vienne et de Notre-Dame de Grosbault et de
messire Hierôsme de Nivert, chevalier seigneur de Bourbitou, lieutenant-colonel du régiment de Tessé, neveux
du deffunct qui ont signé :

> Rose, Portail, Bourbitou, Rose, abbé de Saint-
> Pierre de Vienne.

# V

## ACTE DE DÉCÈS

### DE MADELEINE DE VILLIERS

Paroisse Saint-André-des-Arts :

Le mardy, vingt-huitième jour de juin 1701, fut fait en
l'église de Saint-André-des-Arts, le convoy de dame
Magdelaine de Villiers, veuve de messire Toussaint Rose,
chevalier, marquis de Coye, conseiller du Roy en ses
conseils, secrétaire du cabinet de Sa Majesté et président en sa Chambre des comptes, décédée le jour précédent dans sa maison rue des Poitevins, et le lendemain
son corps fut transporté en l'église Saint-Germain-
l'Auxerrois pour y être inhumée avec ledit sieur Rose
son époux, où assistèrent messire Louis Rose, chevalier,
marquis de Coye, mousquetaire du Roy de la première
compagnie, son petit-fils, et messire Antoine Portail,
chevalier, conseiller du Roy et son advocat général au
Parlement de Paris, témoins soussignés.

> Rose, Portail.

## ACTE D'INHUMATION

## DE MADELEINE DE VILLIERS

Paroisse Saint-Germain-l'Auxerrois (juin 1701).
Du mercredy vingt-neufvième.

Le corps de dame Magdelaine de Villiers, veuve de
messire Toussaint Rose, chevalier, marquis de Coye,
conseiller ordinaire du Roy en ses conseils et président
en sa Chambre des comptes, âgé de quatre-vingt-un ans
et sept mois, décédée lundy dernier à deux heures après
midy rue des Poitevins, a été apporté en carosse de
l'église paroissiale de Saint-André en cette église pour y
être inhumée en présence de messire Louis Rose, chevalier, marquis de Coye, mousquetaire du Roy, et de
messire Antoine Portail, chevalier, conseiller du Roy en
ses conseils et son advocat général en sa cour du Parlement, petit gendre de la deffunte et de messire Antoine
Portail, conseiller du Roy en sa cour du Parlement et
grand'chambre d'icelle qui ont signé :

ROSE, PORTAIL, PORTAIL.

Voici, à titre de curiosité, la rédaction de la
lettre de faire part :

Vous êtes priéz d'assister au convoy de dame Magdelaine de Villiers, veuve de messire Toussaint Rose, chevalier, marquis de Coye, conseiller du Roy en ses conseils, secrétaire du cabinet de Sa Majesté et président en

sa Chambre des comptes, décédée en sa maison rue des
Poitevins, qui se fera cejourd'hui mardy vingt-huitième
juin 1701, à sept heures du soir, en l'église de Saint-André-
des-Arcs, sa paroisse.

Et au service qui se dira demain mercredy vingt-
neufvième dudit mois à sept heures du matin, en ladite
église.

Messieurs et dames s'y trouveront, s'il leur plaist.


# VI


LA BIBLIOTHÈQUE
D'UN ACADÉMICIEN EN 1701[1]


*Biblia poliglotta,* de Le Jay (onze
   vol. in-folio). . . . . . . . . . . .    75 livres.

*Biblia sacra ex typographia regia*
   (huit vol.). . . . . . . . . . . . .    24  —

*Novum testamentum græcum ex typo-*
   *graphia regia.* . . . . . . . . . .    100 sols.

*Concilia generalia* (trente-sept vol.).   120 livres.

*Historiæ byzantinæ scriptores* (vingt
   vol.). . . . . . . . . . . . . . . .    160  —

*Divi Bernardi opera* (six volumes).   20  —


1. Extrait de l'inventaire après décès de la fortune et
du mobilier de T. Rose.

| | |
|---|---|
| *Historiæ Francorum et Normanorum* (six vol.) . . . . . . . . . . . . . . | 80 livres. |
| *Theatrum genealogicum Henninger* (six vol.) . . . . . . . . . . . . . . | 40 — |
| *Rerum franciscanum Valesii* (trois vol.). . . . . . . . . . . . . . . . | 6 — |
| Histoire de France de La Popelinière. . . . . . . . . . . . . . . . . | 40 sols. |
| Annales de France de Belleforest (deux vol.). . . . . . . . . . . . | 4 livres. |
| Histoire de France de Mézeray (trois vol.). . . . . . . . . . . . . . . . | 40 — |
| L'abrégé de la même histoire du même auteur (trois vol.). . . . . | 20 — |
| Histoire de Bresse en deux volumes, l'Empire français, l'histoire de Béarn, et l'histoire de Provence de Nostradamus. . . . . . . . . . . . | 12 — |
| Histoire de Provence de Ruffin, la même histoire par Deboucle, l'histoire de Marseille et l'histoire du Languedoc. . . . . . . . . . . . . . | 10 — |
| Les Annales d'Aquitaine (deux vol.), histoire du Dauphiné, histoire des comtes de Ponthieu. . . . . . . . . | 12 — |
| L'histoire d'Orléans, l'histoire de Bretagne, l'histoire de Franche- | |

Comté par Goulu, l'histoire du
Poitou. . . . . . . . . . . . . . . . . .         15 livres.

L'origine des Bourguignons, par
Saint-Julien . . . . . . . . . . . . . .          3  —

La généalogie d'Aubusson (quatre
vol.) . . . . . . . . . . . . . . . . . .          4  —

L'histoire de Constantinople de Ville-
hardouin. . . . . . . . . . . . . . .          100 sols.

L'histoire d'Espagne . . . . . . . . .           3 livres.

*Chronologia* (cinq vol.). . . . . . . .         12  —

*Thuani historia* (quatre vol.). . . .          15  —

L'histoire de D'Aubigné (deux vol.).          6  —

L'histoire de Sainte Marthe (deux
vol.) . . . . . . . . . . . . . . . . . .         18  —

L'histoire de Charles VI. . . . . . . .           6  —

L'origine de la maison de France. .           3  —

*Historia de Davila,* (deux vol.). . .          15  —

*Historia di Veneta Justinianii.* . . .         20 sols.

Le Martyrologe des chevaliers de
Malte, l'histoire de Malte, l'histoire
des chevaliers de Jérusalem. . . .          10 livres.

L'histoire des sires de Calcondyle. .           3  —

*Historiæ anglicanæ scriptores decem*
(deux vol.) . . . . . . . . . . . . . . .         12  —

L'histoire d'Angleterre, par Duchesne, et l'histoire des troubles d'Angleterre, par Salmonnet . . .          6 livres.

L'histoire des princes d'Orange. . .          100 sols.

L'histoire de Naples et de Sicile. . .          3 livres.

L'histoire de Savoie, par Guichenon (deux vol.). . . . . . . . . . . . .          18   —

L'histoire des grands officiers de la Maison de France. . . . . . . . .          10   —

Les armes des chevaliers du Saint-Esprit . . . . . . . . . . . . . . . .          6   —

L'alliance de France, et *Stonnata Lotharingia* . . . . . . . . . . . . .          6   —

*Familiæ romanæ patriciæ.* . . . . . .          6   —

Le Triomphe de Louis le Juste. . .          10   —

Les Mémoires de Comines (édit. du Louvre) . . . . . . . . . . . . . .          15   —

Les Mémoires de Castelnau (deux vol.). . . . . . . . . . . . . . . .          18   —

Les Mémoires de Richelieu (trois vol.). . . . . . . . . . . . . . . .          10   —

Les Mémoires de Ribier (deux vol.).          6   —

Les recherches de la France de Pasquier. . . . . . . . . . . . . . . .          100 sols.

Les négociations de Jeannin . . . .          6 livres.

L'histoire du différend de Boniface VIII et de Philippe le Bel. . .          6   —

Le Traité des droits du Roy, par Du-
  puy . . . . . . . . . . . . . . . .    100 sols.

La Cosmographie de Belleforest. . .    30 sols.

La Bibliothèque historiale de Vignole
  (trois vol.) . . . . . . . . . . . .      6  —

L'histoire de la maison d'Harcourt
  (quatre vol.). . . . . . . . . . . .     18  —

Sept volumes de Duchesne (Chastil-
  lon, Montmorency, Dreux, Chastai-
  gner, Guigne, Vergy et Béthune).      60  —

L'histoire des ducs de Bourgogne, du
  même . . . . . . . . . . . . . . .       6  —

L'histoire de Lesdiguières, l'histoire
  d'Auvergne, les Mémoires de Ma-
  rolles et l'histoire de Courtray . .     10  —

Les histoires de Guébriant, de Du
  Guesclin, du duc d'Épernon et de
  Richelieu (quatre vol.). . . . . . .     10  —

La généalogie des maîtres de requêtes.      3  —

L'administration du cardinal Mazarin
  (quatre vol.). . . . . . . . . . . . .      4  —

L'histoire des évêques de Metz . . .    40 sols.

Considérations historiques sur la maison de Lorraine (deux vol.). . . .     3 livres.

Généalogie des comtes de Flandre
  (trois vol.). . . . . . . . . . . . . .      6  —

*Chifletii opera* (2 vol.). . . . . . . .      6  —

| | |
|---|---|
| *Rerum hispaniarum Mariana.* . . . | 6 livres. |
| Le même, en espagnol. . . . . . . . | 8 — |
| *Historia di Genova.* . . . . . . . . | 20 sols. |
| *Grotii annales, Germanica Brusselini, Statuta hospitalitalis hierosolymitana.* . . . . . . . . . . . . | 6 livres. |
| *Herodoti historia græca, Xiphilni historia, Antiquitates romanæ Rodini, Dionis Cassii historia.*. . . . . | 6 — |
| *Vita sanctorum Bollandi* (14 vol.). . | 90 — |
| *Geographia sacra Bochardi* . . . . | 7 — |
| *Demonstratio evangelica Huetii.* . . | 4 — |
| *Concilium florentinum graciæ, Historia Concilii Tridentini* . . . . . . | 8 — |
| La Vie des saints. . . . . . . . . . | 8 — |
| L'histoire de Joseph, de M. Arnauld d'Andilly . . . . . . . . . . . . . . | 15 — |
| La même, de Guébrard . . . . . . . | 4 — |
| *De Imitatione Christi* (5 vol. Imp. du Louvre.). . . . . . . . . . . . . | 8 — |
| *Annales ecclesiastii Francorum,* de Lecointe (7 vol.). . . . . . . . . . | 50 livres. |
| L'histoire des papes de Duchesne . . | 10 — |
| Les œuvres de M. Arnauld d'Andilly (3 vol.) . . . . . . . . . . . . . . | 18 — |
| *Roma subterranea.* . . . . . . . . . | 10 — |

*Baconis opera,* description des Pays-
   Bas, etc. (8 vol.) . . . . . . . . . .        9 livres.

Les œuvres de Tacite, de Tite-Live,
   de Thucydide, d'Hérodote, d'Ho-
   mère, de Virgile (édit. Londini),
   de Plaute, d'Horace. . . . . . . .        57   —

*Virgilii opera, Horatii opera, Juve-
   nalis satiræ, Musæ juvenilis et
   Barberini poemata* (éd. de l'imp.
   du Louvre). . . . . . . . . . . . . .        36   —

Les œuvres de Lucien, de Lucrèce,
   de Tacite (huit éditions différentes),
   de Sénèque, de Suétone (édit. du
   Louvre), de Bion, de Plaute. . . .        38   —

*Scaligeri poetica.* Poésies de La Mé-
   nardière, les œuvres de Ronsart,
   de Dubartas, l'*Adone del Marino.*         8   —

Les tableaux de Philostrate . . . . .         8   —

Les Métamorphoses d'Ovide. . . . .         6   —

Thésée en musique, manuscrit. . . .        10   —

*Lexicon geographicum,* l'hydrogra-
   phie de Fournier . . . . . . . . . .        13   —

Dix volumes de Figures, imprimés
   au Louvre. . . . . . . . . . . . .        150   —

Le grand Atlas en douze volumes. .       500 *(sic)*

Le parallèle d'architecture, l'architec-

| | |
|---|---|
| ture de Palladio. Les architectures de Lemart, de Du Cerceau . . . . | 14 livres. |
| Sept volumes de cartes et quatre volumes du Monde de Pline . . . | 42 — |
| Les œuvres de Dulaurens, le théâtre géographique . . . . . . . . . . . | 8 — |
| Divers ouvrages concernant les plantes, *Hortus regius.* . . . . . . . . | 20 — |
| Les œuvres d'Avicenne, de Pline, d'Hippocrate, de Démosthène, de Gundieri, d'Ætius, de Calepinus, de Plutarque, de Sénèque, de Cicéron, de Platon, d'Aristote, de Casaubon, d'Épicure. . . . . . | 81 — |
| *Corpus juris civilis* . . . . . . . . . | 36 — |
| Divers ouvrages de droit dont les œuvres de Grotius, le Coutumier général et la Bibliothèque du droit français . . . . . . . . . . . . . . | 34 — |
| Divers recueils d'ordonnances et d'arrêts dont les ordonnances de Fontanon, de Saint-Yon et de Loiseau. | 52 — |
| L'éloge des présidents à mortier. . . | 3 — |
| Traité des fiefs de Lefébure . . . . . | 3 — |
| Le cérémonial français (2 vol.) . . . | 10 — |
| Procès-verbaux du clergé 1650, 1655, 1680. . . . . . . . . . . . . . . . . | 20 — |

| | |
|---|---|
| Onze volumes dont *Adagia Erasmi*. | 10 livres. |
| *Ciceronis opera Manutii*. . . . . . . | 20 — |
| *Biblia sacra* (imp. du Louvre). . . . | 6 — |
| L'histoire des Templiers, du Collège de Navarre, de l'Empire, l'histoire universelle, des rois de Syrie, de Milan, de Melun, du concile de Trente, de Palavicino, etc., etc. . | 39 — |
| L'histoire des secrétaires d'État, les Psaumes de David, la Morale des Jésuites, *Martyrologium romanum*, *Codex regularum*, etc., etc. | 37 — |
| Les mémoires de Dutillet, de Guiche, etc. . . . . . . . . . . . . . . . . | 9 — |
| L'origine de la langue française, de Ménage . . . . . . . . . . . . . . | 4 — |
| Les funérailles chez les Anciens, un dictionnaire allemand, un dictionnaire historique, le siège de Metz, l'histoire d'Aubusson, les procès civils et criminels, douze volumes d'arrêts, plus quarante volumes. . | 48 — |
| *Lucretius Lambini*. . . . . . . . . . . | 10 — |
| Une pharmacopée, Clovis, les antiquités de Paris, Lucien, les lettres de Costar, nombre de brochures, prières et oraisons funèbres, l'Obras | |

de Gongora, *Theophrasti opera,*
*Argolii ephemerides,* Fables choi-
sies, *Opere delle Galile,* etc., etc.　42 livres.

Vie des pères ermites . . . . . . . .　10　—

Physique de Rohault . . . . . . . .　100　sols.

Palmyre d'Olive . . . . . . . . . .　　3 livres.

Un voyage au Levant, dix volumes
de comédies espagnoles, les œuvres
diverses de Balzac, l'histoire de
Charles IX, *Poligraphia Tritoni,*
le Trésor des trois langues, OEuvres
de Térence, *Cicero, de officiis,*
plus quarante-quatre volumes. . .　35　—

Soixante-cinq volumes de recueils de
gazettes . . . . . . . . . . . . . .　80　—

*Memorie recondite* de Syri et le *Mer-*
*curio* du même auteur, 18 volumes,
tous reliés. . . . . . . . . . . . .　120　—

Le journal du Parlement de Paris,
*De rebus gallicis* par Labordens,
Orlando, dix volumes in-folio, etc.　24　—

Le Mercure galant, le Mercure hol-
landais, les rivières de France, Phi-
losophie de Gassendi, l'Alcoran en
arabe. . . . . . . . . . . . . . . .　20　—

Quarante-trois　volumes　d'auteurs

latins, quatre-vingt-six volumes
italiens et espagnols. . . . . . . . .    15 livres.
Cent vingt volumes de livres français
et d'histoire. . . . . . . . . . . . .    16   —
Histoire de France de Mézeray (imp.
de Hollande), six volumes. . . . .    12   —
Procès de Fouquet en seize volumes.    10   —
Cent trente-cinq volumes d'histoire,
de mémoires et de dévotion. . . .    63   —
*Agrippa flagellum dæmonium*
(3 vol.). . . . . . . . . . . . . . . .    10   —
La Genèse de Port-Royal . . . . . .    15   —
L'éloge du cardinal de Mazarin et de
la reine Marie de Médicis. . . . .     3   —
Cent vingt volumes, dont trente de
médecine. . . . . . . . . . . . . . .    40   —
Une liasse de quarante volumes. . .    22   —

La bibliothèque comprenait environ quinze
cent cinquante volumes, et sa valeur est prisée
3,500 livres.

**GUILLAUME ROSE,**
fils de Jean Rose, demeurant à Troyes, s'établit à Chaumont vers 1520.

**ESTIENNE ROSE,**
se fixe à Provins, se marie en 1563. Il a trois enfants sans postérité : André, Jeanne et Catherine.

**TOUSSAINT ROSE [1565-1613.]**
échevin de la ville de Provins, épouse Edmée Languillat.

**JEAN ROSE.**

**ESTIENNE ROSE [1591-1658],**
maire de Provins, épouse, le 16 janvier 1613, Mary Joly, se remarie à Guillemette Bardier.

**ANNE ROSE [†1651],**
épouse Antoine de Villiers.

**TOUSSAINT ROSE [1615-1701],**
marquis de Coye, épouse, le 8 septembre 1641, Madeleine de Villiers.

**MAURICE ROSE [1616-1650],**
capitaine au régiment de Valois.

**LOUIS ROSE DE COYE [1642-1688],**
conseiller au Parlement de Metz, épouse, le 22 mars 1681, Louise de Bailleul [remariée en 1691 au Mᵢˢ de Vatan].

**LOUIS ROSE Mᵢˢ DE COYE [1684-1706],**
colonel du régiment de Montereau.

**MADELEINE ROSE [1682-1766],**
épouse, le 25 avril 1699, Antoine [ depuis premier président du Parl[ de Paris, de l'Académie franc. [†

**ANT.-NIC. PORTAIL [1702-1723]**
seigneur du Vaudreuil, conseiller au Parlement.

**JEAN-LOUIS PORTAIL,**
laisse une fille mariée au marquis de Conflans-Armentières.

**LOUISE-MA-DELEINE PORTAIL,**
mariée en 1722 à François Riquet comte de Caraman.

**NIC[ MA[ POI[

GILLE ROSE,

> auteur probable de la branche des Rose, marquis de Provenchère.

---

**ESTIENNE ROSE [1617]**, seigneur de Ste-Colombe et de St-Romain, receveur général des finances du Dauphiné, épouse Laurence de Polloud de Saint-Aignan en 1655.

**ANNE ROSE,** épouse Jér. Nivert, seig. de Bourbiton, gouv. de Phalsbourg.

**MARIE NIVERT.** épouse Cl. des Massues de Donnemarie.

**EDMÉE ROSE,** mariée en 1643 à Charles Macé.

---

**SCIPION ROSE DE SAINT-ROMAIN [† 1698]**, capitaine, épouse Marguerite de Mazenod.

**TOUSSAINT ROSE [† 1713]**, abbé de Saint-Pierre de Vienne.

**ANTOINETTE ROSE [† 1708]**, abbesse de Sainte-Colombe.

**FRANÇOISE ROSE.**

# VIII

## SOURCES

### I. — MANUSCRITS.

#### BIBLIOTHÈQUE NATIONALE.

Cabinets des titres : *Pièces originales* (vol. 2546).
— *Dossiers bleus*, Rose (15283). — *Cabinet de
d'Hozier* (8114).

Fonds français : *Index alphabétique des Mémoires et des Lettres concernant le Mazarin*
(mss. 4314). — *Formulaire pour le Cabinet du
Roi* (mss. 4314). — *Recueil des lettres les plus
importantes écrites par le Roi Louis XIV aux
rois, princes souverains de l'Europe et grands du
royaume depuis l'année 1661 jusqu'en 1669,* par
M. Rose, secrétaire du Cabinet (mss. 10266). —
*Copie des lettres écrites par le Roy Louis XIV
de 1661 à 1678. 2 volumes* (nouv. acq. mss.,
2038-39). — *Registres des lettres expédiées par
le Secrétariat de 1670 à 1675, de 1680 à 1683 et
en 1701 ; 9 volumes* (mss. 6652-58, 21481-82). —
*Les Bienfaits du roi Louis XIV,* par Dangeau

(mss. 7651-7667). — Mss. 6729, p. 181. — Mss.
17397, p. 3. — Mss. 20967, p. 355 *bis*.

*Archives du ministère des affaires étrangères*
(Invent. 1883), vol. 1273.

BIBLIOTHÈQUE SAINTE-GENEVIÈVE.

*Mémoire des dernières recommandations de
Mazarin dictées par le Roi au sieur Rose, le
9 mars 1661.*

BIBLIOTHÈQUE DE PROVINS.

*Histoire ecclésiastique de Provins,* par l'abbé
Ythier, d'après Rivot.— *Histoire de Provins,* par
l'abbé Pasques.

## II. — IMPRIMÉS.

*Biographies générales diverses.* — *Dictionnaire
de Bayle.* — *Histoire de France sous le ministère
de Mazarin,* par Chéruel. — *Histoire de Provins,*
de Bourquelot. — *Histoire de Provins,* d'Opoix.
— Michelin, *Essais historiques sur le département de Seine-et-Marne.* — Pierre Le Givre, *Anatomie des eaux minérales de Provins.* — Émile
Lefèvre, *les Rues de Provins.*

*Histoire de l'Académie française,* par Pélisson

et d'Olivet. — *Dictionnaire des quarante fauteuils de l'Académie*, par Tyrtée Tastet. — *Les quarante fauteuils de l'Académie*, par Berthélemy. — *Chronique des élections de l'Académie*, par Rouxel. — *Les fauteuils de l'Académie*, par Védrenne.

*Éloges de plusieurs savants*, par d'Alembert (voir l'édition de J.-F. Bastien). — *Recueil de harangues prononcées par MM. de l'Académie* (Discours de réception de Rose. — Réponse de l'abbé Régnier. — Harangue à Louis XIV à l'occasion de la paix de Nimègue. — Réponse de Rose au discours de réception de l'abbé de Clérembault. — Discours de réception de J. de La Bruyère et de L. de Sacy).

*Mémoires du cardinal de Retz, de Daniel de Cosnac, de Bussy-Rabutin, de Charles Perrault, de Gourville, de l'abbé de Choisy, de Dangeau, de Saint-Simon et du marquis de Sourches.* — *Correspondances de Mazarin, de Colbert, de Racine et de Boileau.*

*La Muse historique de Jean Loret* (lettre du 5 mai 1657). — *Le Mercure* (n°ˢ de mai 1688, d'avril 1691, de janvier et de juin 1701, de décembre 1739). — *Journal des savants* (27 avril 1701). — *La Gazette de France* (3 septembre 1650,

3 avril 1688, 15 janvier et 2 juillet 1701). —
*Revue de Champagne et de Brie* (janvier 1878,
février 1889).

*Œuvres de Louis XIV* (édit. Grimoard et
Grouvelle). — *Lettres de Louis XIV,* recueillies
par Rose. — *Mémoires de Louis XIV pour
l'instruction du Dauphin* (édition Charles Dreyss).

*Les Ménagiana.* — *Le siècle de Louis XIV,*
de Voltaire. — *Bibliothèque historique de la
France,* par le père Lelong. — Lefeuve, *Histoire
de Paris maison par maison.* —Lebœuf, *Histoire
du diocèse de Paris.* — *Dictionnaire géogra-
phique de la France,* par Girault de Saint-
Fargeau. — *Histoire de la maison de Nicolaï*
(Tome II. Pièces relatives à la Chambre des
Comptes de Paris). — L. Lalanne, *Curiosités
biographiques.*

# TABLE DES MATIÈRES

# PIÈCES ANNEXES